Christa Randzio-Plath (Hg.)
Empowerment, Entwicklung, Erneuerung
Ohne Frauen geht es nicht voran

Christa Randzio-Plath (Hg.)

Empowerment, Entwicklung, Erneuerung

Ohne Frauen geht es nicht voran

SCHÜREN

Bibliografische Information der Deutschen Nationalbibliothek
Die Deutsche Nationalbibliothek verzeichnet diese Publikation in der
Deutschen Nationalbibliografie; detaillierte bibliografische Daten sind im
Internet über http://dnb.d-nb.de abrufbar.

Schüren Verlag GmbH
Universitätsstr. 55 | 35037 Marburg
www.schueren-verlag.de
© Schüren 2024
Alle Rechte vorbehalten
Umschlaggestaltung: Wolfgang Diemer, Frechen
Cover: Sebastian Mietzner
Bildnachweis: Alle Fotos © Archiv Marie-Schlei-Verein
Gestaltung: Erik Schüßler
Druck: Tolek, Mikołów
Printed in Poland
ISBN 978-3-7410-0283-0
Auch als eBook erhältlich

Inhalt

Einleitung
Feministische Entwicklungspolitik: Die Zukunft gehört Empowerment

von Prof. Dr. h. c. Christa Randzio-Plath

Frauen sind knapp die Hälfte der Weltbevölkerung. Aber nur zwei Prozent der über vier Milliarden Frauen leben in Staaten, die Geschlechtergerechtigkeit und Gender empowerment zu politischen Zielen gemacht haben und entsprechend handeln. Diese genderaktiven Staaten zählen zu den zehn Staaten, die das Weltwirtschaftsforum in seinem Gender-Gap-Bericht 2023 zu den Genderchampions erklärt. Staaten wie die nordeuropäischen Staaten, Deutschland, Irland und Neuseeland gehören dazu, auch Länder wie Nicaragua, Costa Rica und Ruanda. Indien als größtes Land der Welt bekleidet nur Rang 135 im Genderranking des Gender-Gap-Berichts 2023.

Diese erschütternde Feststellung muss dazu führen, dass die Weltgemeinschaft die UN-Agenda 2030 in den wenigen Jahren bis 2030 entschlossener denn je in Richtung Geschlechtergerechtigkeit und Gender empowerment umsetzt. Ohne Frauen gibt es keine Entwicklung, stellten bereits die UN-Millenniumserklärung in ihren acht Zielen und der traurigen Schlusserklärung 2015 fest. Aber die Weltgemeinschaft versagt bei der Umsetzung der UN-

Agenda trotz der jährlichen eindringlichen Appelle des UN-Generalsekretärs und der UN-Versammlungen. In Deutschland gehen nicht einmal 2 % aller öffentlichen Mittel für Zuwendungen an zivilgesellschaftliche Organisationen, die Frauengruppen oder Frauenorganisationen im Globalen Süden unterstützen.

Deswegen ist es so wichtig, dass Regierungen und Zivilgesellschaft immer wieder neue Wege gehen und Gleichberechtigung, Frieden und Entwicklung von der Weltgemeinschaft einfordern und fördern. Der 1984 in Erinnerung an die erste deutsche Entwicklungsministerin Marie Schlei gegründete Marie-Schlei-Verein trägt seit 1984 zum Gender Empowerment, vor allem dem Economic Empowerment bei. Zigtausende von Frauen in Vietnam oder Sri Lanka, in Westafrika oder in Uganda, in Nicaragua oder in Peru engagieren sich und suchen gemeinsam mit dem Marie-Schlei-Verein einen Ausweg aus Armut und Ungerechtigkeit, Gewalt und Ungleichheit. Frauen wollen ein gutes Leben organisieren: in den Gemüsetreibhäusern auf dem bolivianischen Alti Plano, in den peruanischen Anden, in Sahara-Wüstengebieten, im Südlichen Afrika, in Elendsvierteln von Großstädten wie Mexiko oder Montevideo, in den Projekten zu Landwirtschaft und Tierzucht, zu Bäckereihandwerk oder Schneidern und Schmuckherstellung, Blumen-, Pilz- oder Fischzucht, aber auch Computerkursen. Das Empowerment von Frauen, insbesondere das Economic Empowerment, waren und bleiben ein wichtiger Schlüssel zum Erfolg.

Die jährlichen Blitzaufnahmen über die Umsetzung der UN-Agenda 2030 verdeutlichen Dringlichkeit und Notwendigkeit der gleichstellungspolitischen Engagements. «Niemand darf zurückgelassen werden» war und bleibt die Kernforderung der UN-Agenda 2030 für nachhaltige Entwicklung. Sie wird von der weltweiten Zivilgesellschaft, allen Nichtregierungsorganisationen und den Vereinten Nationen wiederholt und immer lauter eingefordert.

Abhilfe versprechen neue Entwicklungsstrategien wie die feministische Entwicklungspolitik, die in Schweden wie in den anderen nordischen Staaten, aber auch in anderen europäischen Staaten wie Frankreich und Deutschland beschlossen ist. Besonders große Fortschritte in der feministischen Entwicklungspolitik sind in Kanada zu finden, wo inzwischen auch Handel, Entwicklung und Gender verknüpft sind.

Um Konzepte zu einer gendergerechten oder feministischen Entwicklungszusammenarbeit wird seit Jahrzehnten gerungen. Dabei gab es bereits 1978 das sogenannte «Frauenpapier» des deutschen Entwicklungsministeriums unter Leitung von Ministerin Marie Schlei. Es stellte auf «Frauenförderung» ab, war aber im Verständnis des Ministeriums bereits ein Schritt zur gleichberechtigten Macht von Frauen und Männern und zu selbstbestimmtem Handeln. Diese Haltung von Marie Schlei wurde auf der Weltfrauenkonferenz 1985 von fünf ostafrikanischen Ministerinnen auf dem NRO-Forum bestätigt.

Es ging damals wie heute um das Empowerment von Frauen. Frauen waren damals wie heute diskriminiert. Auch wenn sich die rechtliche und materielle Lage der Frauen weltweit verbessert hat, werden noch 100 Jahre harter gleichstellungspolitischer Arbeit und Anstrengungen nötig sein, um die Verfassungsziele der Gleichberechtigung und Ziel 5 der UN-Agenda zur Gleichstellung der Frau zu verwirklichen. UN-Berichte und der Bericht vom World Economic Forum weisen darauf sehr bestimmt und frustriert hin. Allerdings war und bleibt das Verständnis von empowerment sehr unterschiedlich. Schließlich kann es nicht nachhaltig sein, auf die Förderung von Frauen und Fraueninteressen zu setzen, wenn weder die ideologische noch politische Handlungsbereitschaft vorhanden war und ist, auf Frauen für Entwicklung zu setzen. Spätestens seit der Millenniumsagenda und der UN-Nachhaltigkeitsstrategie ist allerdings klar: Ohne Frauen gibt es keine Entwicklung.

Dieses Buch erscheint zum 40-jährigen Jubiläum des Marie-Schlei-Vereins und verdeutlicht, wie wichtig feministische Entwicklungspolitik gerade aus Sicht der afrikanischen, asiatischen und lateinamerikanischen zivilgesellschaftlichen Kooperation ist. Frauen sind und bleiben Schlüssel zu Entwicklung. Das Empowerment verleiht Frauen Selbstbewusstsein und Stärke. Das Economic Empowerment macht Frauen sichtbar. «Früher schaute mein Mann durch mich hindurch wie durch ein Fenster. Heute bin ich eine Kleinstunternehmerin und verdiene Geld. Er respektiert mich», sagte eine Müllerin aus Mutoko als Antwort auf die Frage, was ihr die Entwicklungszusammenarbeit mit dem Marie-Schlei-Verein gebracht hat.

Endlich hat sich die deutsche Bundesregierung in ihrer Koalitionsvereinbarung zu einer feministischen Entwicklungspolitik entschlossen. Die Entwicklungsministerin Svenja Schulze begründet ihr Versprechen für die deutsche feministische Entwicklungspolitik: «Feministische Entwicklungspolitik ist für mich eine Frage von Gerechtigkeit. Frauen und Mädchen machen die Hälfte der Weltbevölkerung aus. Sie sollten auch die Hälfte der Macht haben. Aber feministische Entwicklungspolitik ist auch ein Gebot der Vernunft: Frauen sind stark, Frauen haben innovative Ideen, Frauen haben Wissen. Keine Gesellschaft kann es sich leisten, auf dieses Potenzial zu verzichten, wenn sie vorankommen will. Wenn Frauen gleichberechtigt sind und gleiche Verantwortung tragen, gibt es weniger Armut, weniger Hunger und mehr

Stabilität in der Welt. Es lohnt sich also, die Rechte, die Ressourcen und die Repräsentanz von Frauen und Mädchen zu stärken.»

Mit der Strategie für eine feministische Entwicklungspolitik will das Entwicklungsministerium (BMZ) die Perspektive ändern. Bisher wurden Frauen und Mädchen häufig im Rahmen bestehender Strukturen unterstützt. Mit der Neuausrichtung der Entwicklungspolitik sollen ungerechte Machtstrukturen verändert werden. Dies soll entlang der «3 R» – Methode geschehen, die aus der schwedischen Gleichstellungspolitik bekannt ist: Rechte, Ressourcen und Repräsentanz. Zu den Rechten gehören zum Beispiel das Recht auf körperliche Selbstbestimmung, das Recht auf Bildung, das Recht auf Eigentum und Erbschaft, das Recht auf Arbeit und das Recht auf Schutz durch Gerichte. Gleichberechtigter Zugang zu Ämtern, Mandaten und Führungspositionen in Wirtschaft und Gesellschaft sind wichtiger Bestandteil dieser Strategie. Allerdings geht das nur mit gleichberechtigtem Zugang zu wichtigen Ressourcen wie Land, Eigentum, Erbschaft, Finanzen und Know-how. Die neue feministische Entwicklungspolitik will zu Recht mehr Selbstbestimmung und Mitbestimmung. Dazu bedarf es einer partnerschaftlichen Zusammenarbeit auf der Ebene der Zivilgesellschaft, aber vor allem auf Regierungsebene. Und einer einfacheren Projektförderung von Frauenprojekten.

Erfolgreiche Gemüsebäuerinnen auf dem Heimweg vom Markt in Nicaragua

Gast- und Projektbeiträge aus aller Welt

Auf Frauen setzen zur Entwicklung des Landes

von Shy Ali, Malawi, UMODZI

Die wirtschaftliche Befähigung von Frauen ist, wie wir aus unseren Projektergebnissen gelernt haben, von zentraler Bedeutung für die Verwirklichung ihrer Rechte und der Gleichstellung der Geschlechter. Frauen, die wirtschaftlich gestärkt sind, haben die Möglichkeit, gleichberechtigt an wirtschaftlichen Aktivitäten teilzunehmen. Es ist weniger wahrscheinlich, dass sie unterschiedlichen Formen von sozialen und geschlechtsspezifischen Barrieren ausgesetzt sind.

Wirtschaftliches Empowerment verbessert den Zugang von Frauen zu und die Kontrolle über produktive Ressourcen, ihr eigenes Leben und ihren Körper. Es stärkt ihre Stimme und ihre sinnvolle Beteiligung an wirtschaftlichen Entscheidungen auf allen Ebenen der Gesellschaft.

Die Wirtschaft wächst, wenn mehr Frauen arbeiten und Einkommen erzielen, denn ihre wirtschaftlichen Aktivitäten steigern die Produktivität. Sie erhöhen die wirtschaftliche Diversifizierung und die Einkommensgleichheit. Die Aufwertung der Rolle der Frau führt zu mehr Geld für die Gesundheit der Familie und die Bildung der Kinder. So wird auch die Akkumulation von Humankapital gefördert. Daher führt die Stärkung der Rolle der Frau letztlich zu einer besseren wirtschaftlichen Entwicklung.

Perus Landfrauen bekämpfen den Klimawandel

von Arturo Astocondór, Peru, Cider

Ohne Wasser können auch in den Anden Gemüse und Getreide nicht gedeihen. Deswegen haben sich die Landfrauen in den Hochandengebieten entschlossen, Wassereinzugsbereiche besser zu nutzen und zu vernetzen, damit sie die nachhaltige Bewirtschaftung stärken. Damit können sie die natürlichen Ressourcen (Wasser, Boden und Pflanzen) nachhaltig bewirtschaften und nutzen. Sie verbessern die Nutzung der natürlichen Ressourcen und erhöhen die Erträge. So stärken sie auch die regionale Ernährungssouveränität. Mit ihrem eigenen Verein installierten die Frauen ein eigenes Wasserverteilungssystem und einen Betrieb zur Agrolandforstwirtschaft. Sie stärkten nicht nur ihre Familien, sondern auch die gesamte Dorfgemeinschaft. Catalina Fuertes will dazu beitragen, die Denk- und Lebensweisen vieler Menschen in den Dörfern zu verändern. Die Frauen nutzen kleine Gewächshäuser, um mehr zu produzieren. Sie organisieren einen gemeinsamen Wochenmarkt, bauen Saatgutbanken auf und gründen Sparfonds. Die wirtschaftliche Stärkung der Frauen verbessert das Leben ihrer Familien und der Dörfer.

Frauen gehören immer noch zu den Benachteiligten in der Gesellschaft. Die Lebenswirklichkeit von Frauen verlangt aber auch neue Überlegungen dahin gehend, wie eine «andere» und umfassender Form der wirtschaftlichen Stärkung von Frauen aussehen könnte.

Wir glauben, dass die Befähigung der Frauen, insbesondere die wirtschaftliche Befähigung für eine Gesellschaft sehr wichtig und notwendig ist. Diese muss jedoch als Folge anderer direkt und/oder indirekt miteinander verbundener und dazugehöriger Ermächtigungen erreicht werden. Im Fall der Landfrauen in den Hochanden, die zu den einheimischen Bauerngemeinschaften gehören, deren geografische Gebiete Teil der Wassereinzugsgebiete sind, müssen sie in der nachhaltigen Bewirtschaftung und Verwaltung dieser Einzugsgebiete gestärkt werden; dies wird dazu führen, dass sie in die Lage versetzt werden, die natürlichen Ressourcen (Wasser, Boden und Pflanzen) zu bewirtschaften und nachhaltig zu nutzen, die Erträge ihrer Kulturen, ihrer Viehzucht und ihrer Forstwirtschaft zu erhöhen, ihre landwirtschaftlichen Erzeugnisse zu verarbeiten und/oder weiterzuverarbeiten und mit diesen Handel zu treiben. Damit verbessern sie ihre Ernährung und die Ernährung ihrer Familien und die Umwelt. Im Allgemeinen wird dies zu besseren Lebensbedingungen und einer wichtigeren Rolle der Frauen im Kampf gegen beispielsweise Armut, gegen soziale und geschlechtsspezifische Ungleichheiten, gegen die globale Erwärmung führen. Dies sollte die Grundlage für die künftige Rolle der Frau und ihre Bildungsbeteiligung bilden.

Damit diese qualitativ hochwertig ist und der Realität und den konkreten Bedingungen eines jeden Landes entspricht, muss sie faire, gerechte und demokratische Ziele und vor allem die moralischen Werte der Mehrheiten zum Ausdruck bringen. Diese Bildung sollte, wenn möglich, Wissen und Praktiken der Solidarität und der sozialen Gerechtigkeit retten sowie die Kultur, Kunst und Erfahrungen der Vorfahren aufwerten. Ziel sollte es sein, Frauen auszubilden, die in der Lage sind, die Geschicke nicht nur ihrer Familien, sondern auch ihrer ländlichen Gemeinden, ihrer lokalen und regionalen Regierungen und vor allem der Zentralregierung zu lenken. Frauen sollten auch unerschrocken sein, gegen Korruption, eine der schlimmsten Geißeln der Welt zu kämpfen und sie zu besiegen.

Die Herausforderung gilt den künftigen Generationen. Wir schlagen vor, dass auf der Grundlage der Ideale von Demokratie und Freiheit sowie des Kampfes für die Gleichstellung der Geschlechter, für soziale Gerechtigkeit, Nichtdiskriminierung und andere Menschenrechte auch die politische Teilhabe von Frauen wichtig und notwendig ist. Wir sind davon überzeugt, dass

Frauen Bannerträgerinnen für die Verteidigung der Demokratie und Freiheit und gegen die Korruption sein werden. Dazu müssen qualitativ hochwertige, auf ethischen Grundsätzen basierende Bildungsangebote existieren.

Über Obstblüten freuen sich alle Frauen in ihren Projektgärten

Zusammenhalt macht stark und hilft in Krisensituationen

Frauen sind stark

von Dinajpur Balubarin, Bangladesch, ASSB

Bangladesch ist eines der am wenigsten entwickelten Länder der Welt, in dem 31,5 % der Menschen unterhalb der Armutsgrenze leben. Bangladesch steht in den kommenden Jahrzehnten vor zwei großen Herausforderungen: Ernährungssicherheit und Klimawandel im Zusammenhang mit den natürlichen Ressourcen. Etwa 80 % der Menschen leben in ländlichen Gebieten, von denen 95 % von der landwirtschaftlichen Produktion abhängig sind. Es gibt keine Alternative zur landwirtschaftlichen Produktion, um den Nahrungsmittelbedarf der Menschen zu decken. Landfrauen bauen seit langem Gemüse auf traditionelle Weise zu Hause an. Nehmen wir an, dass all diese Frauen mit modernen Methoden des Gemüseanbaus vertraut gemacht werden können und dass ihnen rechtzeitig geeignete technische Fähigkeiten und ertragreiches Saatgut zur Verfügung gestellt werden können. In diesem Fall ist es möglich, ein Vielfaches des konventionellen Anbaus an Gemüse zu produzieren, und die Frauen werden dadurch gestärkt. Vor diesem Hintergrund arbeitet ALOHA Social Services Bangladesh-ASSB in Zusammenarbeit mit dem Marie-Schlei-Verein an der Entwicklung von wirtschaftlichem Empowerment durch Berufsausbildung und die Gründung von Gemüsebauernkooperativen. Aloha ist eine gemeinnützige und freiwillige Organisation. Aloha träumt davon, eine glückliche, wohlhabende, würdige und selbstbewusste Gesellschaft in seinem Arbeitsgebiet aufzubauen.

Das bemerkenswerte Wachstum der landwirtschaftlichen Produktivität, das in den letzten 30 Jahren durch die Intensivierung und Diversifizierung der Pflanzenproduktion erreicht wurde, wird sich wahrscheinlich nicht fortsetzen. Bereits jetzt nehmen 48 % der 169,11 Millionen Menschen (2021) im Land nehmen schätzungsweise weniger als ihren täglichen Kalorienbedarf zu sich. Mehr als 64,4 % der Frauen sind in der Landwirtschaft tätig und 53,5 % der Frauen sind direkt in der Landwirtschaft beschäftigt. Dennoch ist die Arbeitslosenquote auf dem Land hoch. Die Rechte der Frauen werden von den politischen Parteien und Unternehmen übersehen, da die Politik zur Verteilung von Land und die Agrarreform für die Armen keine Priorität haben. Durch das Projekt werden Frauen mit Dienstleistern verhandeln, um ihren Zugang zu den Dienstleistungen zu sichern. Frauen werden in der Lage sein, einen bedeutenden wirtschaftlichen Beitrag für ihre Familien zu leisten, und als Ergebnis werden die Selbstbestimmung und die soziale Würde der Frauen gestärkt, weil sie integrative ländliche Gemeinschaften mit nachhaltigen Lebensgrundlagen aufbauen.

Wir wissen, dass Frauen der schwächste Teil der Familie, der Gesellschaft und des Landes sind. Daher sind sie mit der Ungleichheit zwischen Arm und Reich konfrontiert. Sie hat die bestehenden Ungleichheiten verschärft und die Kluft zwischen den Einkommen der Reichen und der Armen in Bezug auf Wohlstand und Chancen vergrößert. Dadurch wird die nachhaltige Entwicklung insgesamt behindert.

Mit Unterstützung des Marie-Schlei-Vereins wurden die beiden Projekte «Frauenförderung durch Gemüsebauernkooperative (WE CAN)» und «Frauenförderung durch Berufsausbildung für 160 Frauen» ins Leben gerufen, die darauf abzielen, qualifizierte Arbeitskräfte auszubilden und die Stimme und die Interessenvertretungskapazitäten der Leiterinnen von Agrar- und Gemüseerzeugerorganisationen in dieser Region zu stärken. Das Projekt umfasst die Gründung einer Genossenschaft von Gemüsebäuerinnen sowie die Entwicklung und Förderung eines Aktionsplans für Gemüsebäuerinnen, um sich für nachhaltige, widerstandsfähige und geschlechtsspezifische landwirtschaftliche Existenzgrundlagen einzusetzen.

Inzwischen haben sich 460 (160+300) Frauen organisiert und das Einkommen für ihre Familien erhöht. Sie können sogar sparen. Die Projektfrauen wurden sozial und wirtschaftlich gestärkt und trugen zur Verbesserung der Wirtschaft ihrer Familien bei. 60 Frauen wurden in Veterinärmedizin geschult und versorgen nun ihre Ziegen und Rinder selbst. 30 Frauen wurden im Nähen und Schneidern geschult und sind nun in der Lage, ihre eigene Schneiderei zu betreiben. Nach der Ausbildung werden 60 Frauen Geflügel- und Ziegenzucht betreiben, um die Armut in ihren Familien zu lindern. Im Jahr 2022 wurden insgesamt 10 weibliche Gemüsekooperativen gegründet, in denen jeweils 300 Frauen Gemüse anbauen und auf lokalen Märkten verkaufen. Es handelt sich um eine auf die Menschen ausgerichtete organisatorische Entwicklungsberatung. Der Prozess des Empowerments von Frauen wird gestärkt und nachhaltig gestaltet. 300 begünstigte Frauen werden wirtschaftlich gestärkt, und die Genossenschaften der Gemüsebäuerinnen verwalten sich selbst, sie führen wöchentliche und monatliche Sitzungen selbst durch. 95 % der Mitglieder haben ihre Fähigkeiten im Gemüseanbau verbessert. Alle Mitglieder haben mindestens zwei Gemüsegärten, die das ganze Jahr über den Bedarf der Familie an Gemüse decken. Die Fähigkeiten zur integrierten Schädlingsbekämpfung wurden verbessert und sie kontrollieren den Schädlingsbefall in ihren eigenen Gemüsegärten. Mehr als 25 % des Familieneinkommens der Projektfrauen ist gestiegen.

Aloha unterstützt den Plan zur Umsetzung einer partizipativen, selbstverwalteten Produktion, um ihre Existenz zu schützen und ihre Selbstbestimmung zu stärken, und sorgt für nahrhafte Mahlzeiten am Tag, um den bestehenden Nährstoffmangel zu beseitigen, indem ihre sozialen, psychologischen und ökologischen Bedingungen analysiert wurden. Aloha unterstützt sie bei der Umsetzung verschiedener Produktionsprojekte (Dünger, Grube und Kompost) mit technischen Hilfsmitteln und der Entwicklung von Fertigkeiten. Außerdem wurden einige Entwürfe erarbeitet, um ihre regelmäßigen Verbesserungen in Bezug auf den Status der Hungerfreiheit, der Ernährung, des Einkommens, der Beschäftigung und der Selbstbestimmung zu bewerten. Alle Familien haben die Möglichkeit, ein zusätzliches Einkommen zu erzielen, um ihren Lebensunterhalt zu verbessern.

Einige Erfolgsbeispiele

Die Schneiderausbildung hat das Leben von Argina verändert. Frau Argina Begum ist 34 Jahre alt. Ihre Familie besteht aus insgesamt fünf Mitgliedern. Während Covid-19 wurden alle Industrien, Geschäfte, Büros, Gerichte, Fahrzeuge und Bildungseinrichtungen geschlossen, die Menschen wurden arbeitslos und waren zu Hause eingesperrt. In diesem Zusammenhang verliert Anginas

Ehemann Mokshed Hossain seinen Arbeitsplatz in einem privaten Unternehmen und wird zu Hause arbeitslos. Die Familie von Argina befand sich in einer schrecklichen Situation. Argina erhielt von ASSB eine dreimonatige Ausbildung zur Schneiderin. Nach erfolgreichem Abschluss der Ausbildung begann sie zu Hause mit dem Nähen von Kleidern. Der Ruf von Arginas Schneiderei verbreitete sich von Tag zu Tag in den umliegenden Dörfern. Menschen aus den Dörfern, einschließlich ihres eigenen Dorfes, sind Kunden von Argina. Ihr tägliches Einkommen verdient Argina mit dem Nähen von Kleidern. Auch ihr Ehemann Mokshed Hossain unterstützt sie bei der Familien- und Näharbeit. Aus der Dunkelheit von Corona hat die Näharbeit Licht in Arginas Familie gebracht.

Bilkis Begum hat die Kuhzucht zu ihrer Haupteinnahmequelle gemacht. Bilkis Begum ist 40 Jahre alt und hat drei Kinder. Während der Corona-Periode arbeitete ihr Mann fast überhaupt nicht, es gab große Schwierigkeiten, in dieser Zeit kaufte Bilkis Begum eine Kuh mit einem Darlehen von ASSB. Die Kuh bringt in ein paar Tagen ein Kalb zur Welt. Bilkis begann mit dem Verkauf von Milch ein Einkommen zu erzielen. Bilkis ist sehr glücklich, die Milch zu verkaufen und ein schönes Kalb zu bekommen, aber plötzlich wird die Kuh krank. Der Tierarzt verschreibt die Behandlung für die Kuh und berät sie. Bilkis beschloss eine Ausbildung in der Tierhaltung zu machen. Ein Mitarbeiter des Aloha Mubarakpur Training Center bot ihr eine dreimonatige Ausbildung in Tierhaltung an. Seit dem erfolgreichen Abschluss der dreimonatigen Ausbildung züchtet Bilkis Begum nun sechs Kühe bei sich zu Hause. Zurzeit hat sie zwei Kälber. Bilkis Begum verdient ihr tägliches Einkommen durch den Verkauf von 4–6 Litern Milch pro Tag. Bilkis Begum ist jetzt sehr zuversichtlich. Sie ist davon überzeugt, dass auch eine Frau zur wirtschaftlichen Entwicklung der Familie beitragen kann.

Hasinas Familie ist auf dem Weg zum Wohlstand durch Entenfarmen. Hasina Begum ist 30 Jahre alt. Während der dreimonatigen Sperrung durch die Corona-Epidemie gab es keine Arbeit, das Einkommen der Familie brach weg und es wurde sehr schwierig, die Familie zu ernähren. Hasina züchtete 150 Enten in ihrem Haus auf traditionelle Weise. Während der Corona-Krise verkaufte sie 120 Enten aus ihrem Haus und konnte so nach und nach die Ausgaben der Familie decken. Hasina stellt fest, dass die Entenaufzucht ihrer Familie in Zeiten der Gefahr geholfen hat. Hasina diskutiert mit ihrer Familie über die Vorteile der Entenzucht. Sie glaubt, dass sie das Einkommen der Familie steigern kann, wenn sie mehr Enten züchtet. Während einer Schulung erwarb sie Kenntnisse und Fähigkeiten über wissenschaftliche Methoden der

Geflügelaufzucht. Nach erfolgreichem Abschluss der Schulung nahm sie einen Kredit von 30.000 Taka vom ASSB-Büro auf und kaufte 200 Entenküken. Hasina kann jetzt selbstständig Geflügelkrankheiten erkennen und behandeln. Hasinas Traum ist es, dass ihre Familie von der Geflügelzucht leben kann.

Selbstbewusst und erfolgreich sind die Gemüsebäuerinnen in Hoa, Vietnam

Mittagssnacks sind für ugandische Frauen eine nützliche neue Einkommensquelle

Eine feministische Perspektive in der europäischen Entwicklungspolitik

Von Katarina Barley

Seit 40 Jahren setzt sich der Marie-Schlei Verein für Frauen in Entwicklungsländern ein und fördert ihr Recht auf Bildung. Sie leisten dabei einen wichtigen Beitrag zur internationalen Entwicklungszusammenarbeit (EZ). Europäische und bilaterale EZ haben ein gemeinsames langfristiges Ziel: Dass Menschen ohne materielle Not selbstbestimmt und eigenverantwortlich ihr Leben gestalten und sich eine gute Zukunft ermöglichen können. Nachhaltige Armutsbekämpfung steht im Zentrum der Zusammenarbeit, flankiert durch die Förderung von Menschenrechten, Rechtsstaatlichkeit, Demokratie und die Prävention von Krisen und gewaltvollen Konflikten. Dabei darf nie vergessen werden: Auch die Geberstaaten profitieren von guten kulturellen und wirtschaftlichen Verhältnissen in den Partnerländern. Alle profitieren von Stabilität und Frieden.

Eine zentrale Voraussetzung für Frieden ist Geschlechtergerechtigkeit. Denn menschliche Sicherheit ist nur gegeben, wenn wir strukturelle Gewalt überwinden, die aufgrund von Geschlecht, Herkunft, sexueller Orientierung,

Behinderungen und anderen Diskriminierungskategorien ausgeübt wird. Dieser intersektionale und feministische Ansatz findet immer mehr Rückhalt in der europäischen und deutschen EZ und bricht das traditionelle Denken auf. Die EU ist als politischer Zusammenschluss souveräner Staaten dafür prädestiniert, globale Herausforderungen zu bewältigen. 70,2 Milliarden Euro stellten die EU und ihre Mitgliedstaaten allein im Jahr 2021 für die EZ bereit und waren damit weltweit der größte Geber.

Leitlinie für die europäische Entwicklungspolitik ist die Agenda 2030 der Vereinten Nationen. Mit dieser hat sich die Weltgemeinschaft im Jahr 2015 17 Ziele für eine sozial, wirtschaftlich und ökologisch nachhaltige Entwicklung gegeben (SDGs). Inhalt der Agenda ist auch, das globale Wohlstandsverständnis erstmalig neu zu denken – weg von einer verengten Betrachtung von Pro-Kopf-Einkommen hin zu einer Denkweise, in der das Prinzip der Nachhaltigkeit mit der Armutsbekämpfung und der ökonomischen, ökologischen und sozialen Entwicklung verknüpft wird.

Dieses Jahr wurde nun Halbzeitbilanz gezogen. Das Ergebnis ist leider ziemlich ernüchternd. Bisher liegt kein Land im Plan, alle Ziele für eine nachhaltige Entwicklung bis 2030 vollständig zu erreichen. Erschwerend hinzu kamen Herausforderungen wie die Covid-19-Pandemie sowie der völkerrechtswidrige Angriffskrieg Russlands. Im Jahr 2020 stieg erstmalig seit 1998 die weltweite Quote der extremen Armut wieder. Der jährliche Fortschrittsbericht[1] des UN-Generalsekretärs António Guterres unterstreicht, dass die Weltgemeinschaft ihre Bemühungen umgehend beschleunigen muss, um die Ziele bis 2030 noch erfolgreich erreichen zu können.

Entscheidend für eine effektive und nachhaltige Umsetzung dieser Ziele ist jedoch eine Zusammenarbeit auf Augenhöhe. Während lange Zeit der Begriff der Entwicklungshilfe den Bereich der Entwicklungsarbeit prägte, wird inzwischen von einer Entwicklungszusammenarbeit gesprochen. Dieser Begriff soll das partnerschaftliche Miteinander zum Ausdruck zu bringen. Wir brauchen ein gemeinsames Streben des globalen Nordens mit dem Globalen Süden, um die allgemeinen Lebensbedingungen der Weltbevölkerung langfristig und nachhaltig zu verbessern. Die Idee der Entwicklungspolitik ist es, diese Machtgefälle zu überwinden, und trotzdem finden sich darin bis heute kolonialistische und rassistische Denkmuster wieder. Ein selbstkritischer Blick auf die eigene Geschichte, die sich offen unserer historischen Verantwortung und kolonialen Vergangenheit

---

1   SDG Fortschrittsbericht 2023: unstats.un.org: https://is.gd/WdfXfo

stellt, muss Teil der Politik werden und sich in neuen Ansätzen wiederfinden. Essenzieller Teil einer Zusammenarbeit auf Augenhöhe ist das Beenden diskriminierender Strukturen. Darunter fällt auch, wie in Ziel 5 festgeschrieben, die Notwendigkeit der Geschlechtergleichheit. Diese ist nicht nur Teil der Agenda 2030, sondern ein Menschenrecht. Wenn Mädchen und Frauen von Bildung und Arbeit ausgeschlossen sind, dann bleiben große Chancen ungenutzt. Chancen, die eine Bereicherung für die gesamte Gesellschaft wären und die auch für die Erreichung der anderen SDGs eine Grundlage bilden.

Feministische EZ ist jedoch komplexer, denn sie nimmt die Ursachen für strukturelle Machtverhältnisse in den Fokus. Sie sieht die Verschränkungen von geschlechtsspezifischem Machtgefälle und anderen Ungleichheitsstrukturen und versucht, diese nachhaltig zu verändern. Nur dort, wo Menschen gleichberechtigt und gleichgestellt am gesellschaftlichen, politischen und wirtschaftlichen Leben teilhaben, sind die Gesellschaften stabil und friedlich. Dieser Grundsatz gilt auch für die EZ selbst und so stellt der Ansatz sicher, dass Frauen und andere marginalisierte Gruppen bei Entscheidungen innerhalb der EZ einbezogen werden und führende Rollen einnehmen. Das bedeutet auch, dass Akteure in der EZ explizit Frauenorganisationen als Adressaten ihrer Politik festlegen und eng mit ihnen zusammenarbeiten müssen. Denn auch wenn feministische Bewegungen nicht in jedem Land gleich stark ausgeprägt oder sichtbar sind, sind die ihnen zugrunde liegenden Ideen und Grundsätze der Gleichstellung der Geschlechter global und in fast allen Teilen der Welt zu finden. So hatten zum Beispiel viele Frauen wie Funmilayo Ransome-Kuti in Nigeria und Josina Machel in Mosambik, eine entscheidende Rolle in den antikolonialen Bewegungen, und ihr politischer Aktivismus legte den Grundstein für spätere feministische Bewegungen.

Ein positives Beispiel für eine feministische EZ, die bestehende diskriminierende und postkoloniale Machtstrukturen langfristig abbaut, ist Kanada, das sie bereits 2017 eingeführt hat. Insbesondere durch verstärkte Unterstützung zivilgesellschaftlicher feministischer Organisationen richtet sich die EZ Kanadas seitdem auf die Förderung der Geschlechtergleichstellung aus.

Doch auch die EU macht Fortschritte. Ende 2020 hat die EU-Kommission den dritten Aktionsplan für die Gleichstellung[2] (GAP III) vorgestellt, der

---

2 Aktionsplan für die Gleichstellung (GAP) III: eur-lex.europa.eu: https://is.gd/LqS5oo

einen intersektionalen Ansatz fördert und die strukturellen Ursachen von Geschlechterungleichheit und geschlechtsspezifischer Diskriminierung angeht. Zu den fünf Kernelementen des GAP III gehört erstens die Festlegung, dass 85 %85 % aller neuen Maßnahmen im Bereich der Außenbeziehungen bis 2025 zur Gleichstellung der Geschlechter beitragen müssen. Zweitens soll eine gemeinsame strategische Vision erarbeitet werden und eng mit den Mitgliedstaaten und internationalen Partnern auf multilateraler, regionaler und nationaler Ebene zusammengearbeitet werden. Drittens setzt sich der Aktionsplan rasche Fortschritte in wichtigen thematischen Schlüsselbereichen zum Ziel, darunter beispielsweise die Bekämpfung geschlechtsspezifischer Gewalt, ein universeller Zugang zu Gesundheitsversorgung und der Zugang zu sexueller und reproduktiver Gesundheit und Rechten (SRHR). Zudem soll viertens eine Führung mit ausgewogenem Geschlechterverhältnis auf höchster Politik- und Managementebene in der EU erreicht werden. Letztlich sollen fünftens die Ergebnisse durch mehr Transparenz und weitreichenden Informationszugang effektiv gemessen und evaluiert werden.

Eng mit der feministischen EZ verzahnt ist der Ansatz der feministischen Außenpolitik. Feministische Außenpolitik legt den Fokus auf Menschenrechte – nicht auf militärische Sicherheit. Dieser Paradigmenwechsel bezieht die Bedürfnisse aller Menschen ein. So bestimmen neben dem Geschlecht zum Beispiel auch Herkunft, Hautfarbe, Religion, Behinderung oder sexuelle Orientierung die Partizipationschancen in einer Gesellschaft. Um (Außen-)Politik gerecht zu gestalten und einem integrierten und umfassend menschenrechtlichen Ansatz zu folgen, müssen die Erfahrungen aller Menschen einbezogen werden.

In den letzten Jahren hat das Europäische Parlament (EP) mehrere Berichte verabschiedet, die dieser Idee folgen. Im Vordergrund steht dabei die Forderung, spezifische Gleichstellungspolitik in allen sektoralen Politikbereichen zu entwickeln, also zum Beispiel im Bereich Handel, Entwicklungszusammenarbeit, humanitäre Hilfe und Erweiterung. Außerdem fordert das EP die Ratifizierung der Istanbul-Konvention und die Förderung des Beitritts von Drittländern. Es unterstreicht eine Null-Toleranz-Grenze gegenüber geschlechtsspezifischer Gewalt und fordert, dass politische Dialoge systematisch Fragen der Geschlechtergleichstellung, den Kampf gegen weibliche Genitalverstümmelung und geschlechtsspezifische Gewalt sowie den Zugang zu Gesundheitsversorgung und der Zugang zu sexueller und reproduktiver Gesundheit und Rechten behandeln. Außerdem verweist das EP auf die

Notwendigkeit von Zweckbindung von EU-Mitteln für zivilgesellschaftliche Frauenorganisationen.

Wichtiger Grundstein des feministischen Ansatzes in der EU-Außenpolitik ist die Resolution 1325 des UN-Sicherheitsrats über Frauen, Frieden und Sicherheit[3] (WPS-Agenda), die hier nicht ungenannt bleiben soll. Die EU setzt die WPS-Agenda aktiv um und nutzt sie als ein wesentliches Instrument, um sicherzustellen, dass Frauen und Mädchen geschützt und ihre Rechte und Handlungsmöglichkeiten gewahrt werden. Die WPS-Agenda gewährleistet zudem, dass Frauen eine bedeutende Rolle in allen Phasen der Konfliktprävention und Friedenskonsolidierung zusteht. Auch an diesem wichtigen Grundsatz orientiert sich die europäische Außenpolitik. Denn die Beteiligung von Frauen an Friedens- und Sicherheitsprozessen verbessert die Prävention vor Radikalisierung und beschleunigt die wirtschaftliche Erholung – dafür gibt es eine sichere Beweislage.[4]

In Deutschland haben das Auswärtige Amt und das Bundesministerium für wirtschaftliche Zusammenarbeit und Entwicklung kürzlich eine Strategie für eine feministische Außen-[5] und Entwicklungspolitik[6] veröffentlicht. Sie legen dar, wie die Gleichstellung neue Antworten auf die gegenwärtigen weltweiten Herausforderungen der globalen Krisen und verschärften Diskriminierung geben kann. Sie betonen: «Frauen, Mädchen und marginalisierte Gruppen müssen in ihrer Rolle als Wissensträger*innen und Entscheidungsträger*innen in Entscheidungsprozessen ins Zentrum gerückt werden.»

Grundlage für eine feministische EZ ist der menschenrechtsbasierte Ansatz. Staaten müssen Personen und Personengruppen Zugang zu ihrem Recht verschaffen und sie darin unterstützen, diese einzufordern und ihr Leben selbstbestimmt zu gestalten. Parallel zur feministischen Außenpolitik kann auch eine feministische EZ an den «3 R» ausgerichtet werden: (1) Der Einsatz für die Rechte von Frauen und marginalisierten Gruppen, (2) verbesserte Zugang zu Ressourcen und (3) die Stärkung der Repräsentanz als Schlüssel für eine gleichberechtigte Teilhabe.

Klar ist: Die Krisen unserer Zeit – Kriege, Klimakrise, Angriffe auf Menschenrechte, Pandemien – können nur im Zusammenschluss gelöst werden.

---

3   United Nations Security Council resolution 1325: wps.unwomen.org: https://is.gd/lnrmet
4   Global Study on the Implementation of UNSR 1325 October 2015: peacewomen.org: https://is.gd/80VM9x.
5   Leitlinien für feministische Außenpolitik: Außenpolitik: auswaertiges-amt.de: https://is.gd/ecdtVX
6   Strategie zur feministischen Entwicklungspolitik: www.bmz.de: https://is.gd/5YOUOh

Ohne eine feministische Perspektive würden die Lösungsansätze bestehende Ungerechtigkeiten festschreiben und Machtgefälle vergrößern. Daher ist eine feministische Perspektive in der europäischen EZ essenziell.

Nepals Frauen haben eine stählerne Stärke und lassen sich nicht von ihrem Weg abbringen

Handwerk hat auch in Afrika «goldenen Boden»

von Magret Biira, Uganda, DCF

Wirtschaftliche Teilhabe von Frauen ist der transformative Prozess, der Frauen und Mädchen dabei hilft, ihre wirtschaftliche, gesellschaftliche und politische Diskriminierung zu überwinden und Fähigkeiten zu entwickeln, Ressourcen und Chancen zu nutzen, damit sie gleichberechtigte Marktteilnehmerinnen werden und Einkommen erzielen, selbst zu kontrollieren und zu nutzen. Dann wird sie wirtschaftlich befähigt sein und kann wirtschaftlich erfolgreich sein und in ihrer Familie und Gesellschaft wirtschaftliche Entscheidungen gleichberechtigt treffen.

Um wirtschaftlich erfolgreich zu sein und voranzukommen, brauchen Frauen die Fähigkeiten und Ressourcen, um auf den Märkten konkurrieren zu können, sowie einen fairen und gleichberechtigten Zugang zu den Wirtschaftsmärkten und Krediten.

In Uganda stellen Frauen die Bevölkerungsmehrheit und sind am stärksten von Armut betroffen. Aufgrund der Ungleichheit zwischen den Geschlechtern haben Frauen kaum Kontrolle über wirtschaftliche Ressourcen. Uganda ist eine patriarchalische Gesellschaft. Ihr Geschlecht ist daher die Ursache dafür, dass sie im Teufelskreis der Armut gefangen sind. Armut wird als ein weibliches Gesicht beschrieben. Das Leben einer armen Frau ist voller Kompromisse und wirkt sich negativ auf ihre körperliche und geistige Gesundheit aus, insbesondere in einem Teufelskreis der Armut.

Die Ursachen für die Armut von Frauen sind hauptsächlich auf die sozialen Ungleichheiten zwischen Frauen und Männern zurückzuführen. Diese Ungleichheit wird gekennzeichnet durch einen geringen sozialen Status, ungleiche Machtverhältnisse und systematische Diskriminierung auf allen Ebenen des sozialen, wirtschaftlichen und politischen Lebens. Sie haben nicht die gleichen kulturellen, sozialen und wirtschaftlichen Rechte wie Männer.

Die verheerenden kombinierten Auswirkungen von Armut, Diskriminierung und mangelnden Chancen haben sich auf vielfältige Weise auf die Frauen ausgewirkt: von ihrer wirtschaftlichen Situation in Bezug auf Einkommensniveau, Recht auf Zugang zu Eigentum, Zugang zu Krediten über ihr Wohlergehen wie zum Beispiel Zugang zu Gesundheitsdiensten und Bildung bis hin zu ihrem Streben nach Anerkennung ihrer Rechte und ihrer Hoffnung auf bessere Lebensbedingungen wie die geringere Belastung durch häusliche Arbeit, die Möglichkeit, eine feste Anstellung zu erhalten oder sich selbstständig zu machen. Zusätzlich zu diesen Hindernissen schränkt sie die weitverbreitete Gewalt gegen Frauen und Mädchen erheblich ein. Dies hat auch wirtschaftliche Folgen.

Das wirtschaftliche Empowerment von Frauen wichtig, weil es dazu beiträgt, die Machtverhältnisse so zu verschieben, dass Frauen mehr finanzielle und wirtschaftliche Kontrolle haben und somit den Übergang von der Armut zur Existenzsicherung schaffen können. Das wirtschaftliche Empowerment von Frauen verändert die Gesellschaft und macht Frauen zu gleichberechtigten Partnerinnen. Damit weist wirtschaftlichem Empowerment einen direkten Weg zur Beseitigung der Armut und zum Wirtschaftswachstum auf.

Darüber hinaus investieren Frauen, wenn ihr Einkommen steigt, tendenziell mehr in die Ernährung, Bildung und Gesundheit ihrer Familie, was zu einem Dominoeffekt führt und den ganzen Dorfgemeinschaften nützt. Ein höheres Einkommen und eine stärkere Verhandlungsposition der Frauen führen zu größeren Investitionen in die Bildung, Gesundheit und Ernährung der Kinder, was langfristig zu Wirtschaftswachstum führt.

Mehr noch, die wirtschaftliche Stärkung der Frauen ist sowohl für die Verwirklichung der Frauenrechte als auch für die Erreichung breiterer Entwicklungsziele wie Wirtschaftswachstum, Armutsbekämpfung, Gesundheit, Bildung und Wohlfahrt von wesentlicher Bedeutung. Sie fördert die Fähigkeit der Frauen, ihre Rechte und ihr Wohlergehen zu verwirklichen und gleichzeitig die Armut der Haushalte zu verringern, das Wirtschaftswachstum und die Produktivität zu steigern und die Effizienz zu erhöhen.

Wirtschaftlich gestärkte Frauen treiben den gesellschaftlichen Wandel voran, da sie beispielsweise die Möglichkeit haben, für ihre Rechte einzutreten und sich für ihre Gemeinschaften einzusetzen. Wirtschaftliches Empowerment ist einer der wirksamsten Wege für Frauen, ihr Potenzial auszuschöpfen und ihre Rechte durchzusetzen.

Darüber hinaus trägt wirtschaftliches Empowerment auch zur Verringerung der geschlechtsspezifischen Gewalt bei, verbessert die Möglichkeiten der Frauen zur Familienplanung und verlangsamt die Ausbreitung von HIV/AIDS. Empowerment bedeutet eine Erweiterung der Wahlmöglichkeiten von Frauen, auch im Bereich der sexuellen und reproduktiven Gesundheit. Eine größere Entscheidungsbefugnis und Kontrolle der Frauen über ihre reproduktive Gesundheit verringert die Zahl der Kinder in den Familien und die Übertragung von HIV.

Frauen spielen eine Schlüsselrolle bei der Bewirtschaftung, Erhaltung, Ausbeutung und Nutzung natürlicher Ressourcen. Frauen sind die Hauptproduzenten und als solche für die Ernährungssicherheit ihrer Länder von entscheidender Bedeutung. Da Frauen die Mehrheit der Armen in der Welt ausmachen, ist das wirtschaftliche Empowerment von Frauen so wichtig. Die Diskriminierung von Frauen ist auch wirtschaftlich ineffizient. Die Volkswirtschaften verlieren, wenn ein wesentlicher Teil der Bevölkerung nicht gleichberechtigt am Wettbewerb teilnehmen oder sein Potenzial nicht voll ausschöpfen kann.

Frauen, die wirtschaftlich gestärkt sind, tragen mehr zu ihren Familien, Gesellschaften und Volkswirtschaften bei. Es ist erwiesen, dass Frauen ihr zusätzliches Einkommen in ihre Kinder investieren, was einen Weg zu nachhaltiger Entwicklung darstellt.

Der Nutzen einer Economic-Empowerment-Strategie in Peru

von Ana Besser

Hübsch gelb und weiß gestrichen liegt das Centro Educación Technico Pro-
ductivo – CETPRO VEDRUNA im Wüstensand der Avenida Las Petunias in Sullana, hoch im Norden Perus, fast an der Grenze zu Ecuador. Im *Cetpro Vedruna*
werden seit 1985 Frauen ausgebildet. Eine Überschwemmung durch starken
Regen, ausgelöst vom Meeresstrom El Niño, hatte 1983 den Markt und alle
Güter im Viertel Sanchez Cerro weggeschwemmt. Die Organisation CARE aus
den USA finanzierte danach ein Haus und mit Mitteln des Marie-Schlei-Vereins wurde die Ausstattung für die Ausbildung von Frauen beschafft: Herde
für die Bäckerei, Nähmaschinen für die Schneiderei, Geräte und Kühlschrank
für die Ausbildung zur Gesundheitshelferin.

So begann es, als ich 1987 zum ersten Mal in Sullana war:

«Du musst Ana sein», begrüßte mich Hermana Doraldina, eine Schwester
der Ursulinen. Ihr gestärktes Hemdblusenkleid, die kurz geschnittenen Haare
und die flachen Halbschuhe vermittelten mir den Eindruck ihrer praktischen
Vernunft. Schon sprudelte sie hervor: «Ich bin Doraldina, ich habe dich erwartet, aber wir hatten einen Notfall. Eine verletzte Frau kam ins Kranken-

haus und ich musste erst einmal dafür sorgen, dass die Kinder untergebracht sind.»

Sie brannte darauf, mir das *Centrum Vedruna* zu zeigen. Ein ebenerdiger Raum war mit Nähmaschinen ausgestattet, daneben lag eine Kammer. «Dies ist ein Boutequin, eine kleine Apotheke. Hier vermitteln ein Arzt und eine Krankenschwester den Frauen Kenntnisse in medizinischer Grundversorgung. Als Gesundheitshelferin können die Frauen dann in die umliegenden Dörfer gehen.»

Es ist eines der erfolgreichsten Projekte des Marie-Schlei-Vereins. Jährlich erwarben 40 bis 60 junge Frauen das Zertifikat als Gesundheitshelferin, das sie legitimierte, Spritzen zu geben und die Basisversorgung in den Dörfern des gesamten Bezirks Sullana sicher zu stellen. Es war für die Bevölkerungsgesundheit von zentraler Bedeutung. Aus den drei Kursen der Anfangsphase ist eine staatlich anerkannte Ausbildungsschule geworden. Die Krankenschwesterausbildung konnte später im Krankenhaus erworben werden. Nähen und Backen sind geblieben, dazu kamen Ausbildungen für das Reparieren elektrischer Geräte, für Sicherheit, Instandhaltung, Haar- und Bartpflege sowie Computeranwendung. Generationen von Frauen erlangten durch die Ausbildung Selbstbewusstsein und ein eigenes Einkommen.

Ein anderes Szenario: Die Räume der Organisation *Peru Mujer* lagen im Souterrain einer Villa in San Isidro, einem vornehmen Viertel in Lima. Acht Frauen mit akademischer oder technischer Ausbildung betreuten Gruppen von Frauen in den Vororten Villa El Salvador und Villa Maria del Triunfo. Der Marie-Schlei-Verein förderte ein Projekt zur Aufzucht von Legehennen. Jede der fünfzig teilnehmenden Frauen erhielt drei Hennen und einen Hahn. Die Ausbildung umfasste die Zucht und Pflege von Hennen, die Abgabe der Eier, Ernährungs- und Schädlingskunde. Für das Projekt wurde gemeinsam ein Haus angemietet. Einen Teil der Eier konnte jede Frau für den Eigenbedarf abzweigen, die anderen wurden gemeinschaftlich verkauft. Abgabe und Erlös der Eier vermerkten die Frauen in einem Buch. Nach kurzer Zeit konnte das Projekt durch die Aufzucht von Pflanzen erweitert werden. Auf dem Dach installierten die Frauen mithilfe einiger Männer Kästen für eine Hydrokultur. Von nun an konnten Salat, Kräuter und verschiedene Gemüse, zum Beispiel Paprika, angebaut werden. Der Kot der Hühner diente als Dünger, pflanzliche Abfälle ergänzten das Futter der Hühner. Bald lernten einige Frauen, aus den Kräutern Soßen zuzubereiten. In Portionstüten abgepackt gingen diese zum Verkauf an Supermärkte. Die Verantwortliche des Projekts war Marta de Olarte. Mit Marta de Olarte wurde eine weitere Organisation gegründet, die

NGO REDEM – *Red para el Desarrollo de Mujeres*. Ein Projekt zur Einkommens-verbesserung in Cajamarca umfasste die Aufzucht und Vermarktung von *Cuyes*. Das sind andine Meerschweinchen, die zwei bis drei Kilogramm wiegen und als Proteinlieferant in den Andenländern gegessen werden. Eine Gruppe von Frauen aus dem Mütterverein in Cajamarca wurde darin unterrichtet, Kammern für die Tiere zu bauen, sie bekamen Instruktionen über Aufzucht, Pflege, Krankheiten, Vermehrung und Sauberkeit. Die Exkremente gebrauch-ten sie als Dünger für den Kleingarten, den sie ebenfalls anzulegen lernten. Die Frauen erhielten je ein Meerschwein-Pärchen und dann durften sich die Tierlein munter vermehren. Das Projekt betraf fünfzig Frauen und selbstre-dend auch ihre Familien. Nachdem die Frauen bisher über keine Geldmittel verfügt hatten, konnten sie nun mit dem Verkauf von Meerschweinchen, Eiern und Gemüse schon bald ein eigenes Einkommen erwirtschaften. Die Strategie des Marie-Schlei-Vereines zum Empowerment der Frauen mittels einer tech-nischen Ausbildung sprach sich herum. Viele Anträge aus den Randvierteln der Städte und aus den Berggemeinden gingen beim Vorstand ein. Nicht alle konnten bezuschusst werden. Immer wieder waren Graswurzel-Projekte da-bei: Durch geringe finanzielle Mittel konnten Frauen in der Verbesserung von Käseproduktion, der Verarbeitung von Alpakawolle oder dem nachhaltigen Umgang mit den Produkten kleiner Gemüsegärten (*huertos caseres*) unter-richtet werden und damit ihr Einkommen verbessern und sichern. Durch die Projekte des Marie-Schlei-Vereins lernten die Frauen auch, ihre Rechte ein-zuklagen, lernten nachhaltiges Handeln und wie wichtig Schulbildung für die Kinder ist. Vor allem den Töchtern eröffnete das Beispiel ihrer selbstbewuss-ten Mütter einen positiven Zugang zur eigenen Entwicklung. Sie müssen sich nicht mehr dem Diktat eines Mannes unterwerfen und können dem immer noch herrschenden Machismo etwas entgegensetzen. Auch wenn weiterhin viele Übergriffe gegen Frauen und Femizide in Peru registriert werden, so haben die Projektfrauen gelernt, zu kämpfen und sich politisch zu beteiligen.

Berufsausbildung nutzen

von Kadé Diallo, Guinea, AGFC

Eine selbstständige Frau ist eine Frau, die ihre Recht als gleichberechtigte Bürgerin wahrnehmen kann und Zugang zu finanziellen, materiellen und technischen Mitteln hat, die ihr durch die Entwicklung von einkommensschaffenden Aktivitäten eine dauerhafte wirtschaftliche Unabhängigkeit garantieren.

Trotz des niedrigen Einschulungsniveaus von Frauen und Mädchen und des Mangels an Infrastruktur und modernen Produktionsmitteln haben mit der Hilfe des Marie Schlei-Vereins seit mehr als 32 Jahren heute mehr als 15.000 Frauen und Mädchen ihr Leben selbst in die Hand genommen. Dies ist ein Beweis dafür, dass unsere gemeinsamen Projekte bei der Bekämpfung der Armut sowohl in städtischen als auch in ländlichen Gebieten sehr wirksam waren. Sie haben ihre eigenen kleinen Unternehmen gegründet und sind in verschiedenen Bereichen tätig, wie z. B. Umweltschutz, Landwirtschaft, Hotelgewerbe, Schneiderei, Herstellung von Seife, Sheabutter, rotes Palmenöl etc.

Dank der Ausbildung, die sie in unseren Berufsbildungszentren erhalten haben, haben sie außerdem eine politische Bildung erhalten, sodass sie mündige Bürgerinnen wurden. Viele Frauen beteiligen sich lokal politisch in

Gruppen und haben in der Zwischenzeit selbst Land erworben. Bemerkenswert ist auch, dass diese Frauen aufgrund des positiven Mentalitätswandels ihre Kinder in die Schule schicken und das Schulgeld vollständig übernehmen konnten.

Die Zusammenarbeit zwischen AGFC und dem Marie-Schlei-Verein in den vergangenen 31 Jahren war für die Frauen und Mädchen sehr nützlich und umfasste unterschiedliche Aktivitäten. So wurden die Frauen und Mädchen in Schneiderei, Nähkunst- und Stickkunst genauso ausgebildet wie in Bäckerei und Konditorei, einfacher Buchhaltung, Vorbereitung auf Kleinstunternehmensgründungen, Projekten und Frauengruppen, Einführung in die Vermarktung von Endprodukten, aber auch in Familienplanung und Hygieneregeln. Später folgte eine technologische Ausbildung, wie beispielsweise die Bedienung von Computern und digitalen Medien in der Technik des Fischräucherns und ökologisch verträglicher Öfen wie Schokor. Es erfolgte die Ausbildung von 180 weiteren Frauen in der Herstellung und Verwendung von Kompost, vom 175 Frauen in der Extraktion von natürlichem Indigo zum Färben. Besonders erfolgreich war die Einführung von Solartechnologien bei 425 in den Küstendörfern Guineas und die Weiterbildung von 12 Frauengruppen in der Technik des Solartrocknens. Die Herstellung von Seifenpulvern, fester und flüssiger Seife und Waschmitteln waren ein erfolgreicher Ausbildungsteil genauso wie die Technik des Gemüseanbaus.

Immer wieder war die politische Bildung über die Rechte der Frau und die Rolle der Frau in Recht und Verfassung von Guinea ein wichtiges Lernziel in alles Ausbildungskursen genauso wie die Bekämpfung von Gewalt gegen Frauen. Der Umweltschutz als Ziel war in alles Kursen ein wichtiger Schwerpunkt. Das positive Ergebnis zeigt sich an einer Dorfbaumschule zur Förderung der Wiederaufforstung und der Aufzucht von Jungpflanzen sowie an der Einrichtung von drei Dorfwäldern von einer Fläche von 14 Hektar. Auch Obstbäume und andere Holzarten sind in den Dorfwäldern zu finden. Der Aufbau einer dazugehörigen Infrastruktur war in die Projekte integriert, wie zum Beispiel zwei Zentren für Berufsausbildung, 12 Schuppen für die Maschinen zur Gewinnung von Karite-Butter, 13 überdachte Plätze zur Unterbringung von Maschinen zur Gewinnung von Palmöl und Reisschälmaschinen sowie für die drei Fischräuchereizentren. Zwei große Kühlkammern entstanden bei Dalaba, um Früchte und Gemüse vor dem Verfaulen zu schützen, wenn sie nicht am selben Tag der Ernte verkauft werden konnten.

Wirtschaftliche Teilhabe von Frauen ist der transformative Prozess, der Frauen und Mädchen dabei hilft, ihre wirtschaftliche, gesellschaftliche und politische Diskriminierung zu überwinden und Fähigkeiten zu entwickeln, Ressourcen und Chancen zu nutzen, damit sie gleichberechtigte Marktteilnehmerinnen werden und Einkommen erzielen, selbst zu kontrollieren und zu nutzen. Dann wird sie wirtschaftlich befähigt sein und kann wirtschaftlich erfolgreich sein und in ihrer Familie und Gesellschaft wirtschaftliche Entscheidungen gleichberechtigt treffen.

Um wirtschaftlich erfolgreich zu sein und voranzukommen, brauchen Frauen die Fähigkeiten und Ressourcen, um auf den Märkten konkurrieren zu können, sowie einen fairen und gleichberechtigten Zugang zu den Wirtschaftsmärkten und Krediten.

In Guinea stellen Frauen die Bevölkerungsmehrheit und sind am stärksten von Armut betroffen. Aufgrund der Ungleichheit zwischen den Geschlechtern haben Frauen kaum Kontrolle über wirtschaftliche Ressourcen. Guinea ist eine patriarchalische Gesellschaft. Ihr Geschlecht ist daher die Ursache dafür, dass sie im Teufelskreis der Armut gefangen sind. Armut wird als ein weibliches Gesicht beschrieben. Das Leben einer armen Frau ist voller Kompromisse und wirkt sich negativ auf ihre körperliche und geistige Gesundheit aus, insbesondere in einem Teufelskreis der Armut.

Die Ursachen für die Armut von Frauen sind hauptsächlich auf die sozialen Ungleichheiten zwischen Frauen und Männern zurückzuführen. Diese Ungleichheit wird gekennzeichnet durch einen geringen sozialen Status, ungleiche Machtverhältnisse und systematische Diskriminierung auf allen Ebenen des sozialen, wirtschaftlichen und politischen Lebens. Sie haben nicht die gleichen kulturellen, sozialen und wirtschaftlichen Rechte wie Männer.

Die verheerenden kombinierten Auswirkungen von Armut, Diskriminierung und mangelnden Chancen haben sich auf vielfältige Weise auf die Frauen ausgewirkt: von ihrer wirtschaftlichen Situation in Bezug auf Einkommensniveau, Recht auf Zugang zu Eigentum, Zugang zu Krediten über ihr Wohlergehen wie zum Beispiel Zugang zu Gesundheitsdiensten und Bildung bis hin zu ihrem Streben nach Anerkennung ihrer Rechte und ihrer Hoffnung auf bessere Lebensbedingungen wie die geringere Belastung durch häusliche Arbeit, die Möglichkeit, eine feste Anstellung zu erhalten oder sich selbstständig zu machen. Zusätzlich zu diesen Hindernissen schränkt die weitverbreitete Gewalt gegen Frauen und Mädchen erheblich ein und hat auch wirtschaftliche Folgen.

Das wirtschaftliche Empowerment von Frauen ist wichtig, weil es dazu beiträgt, die Machtverhältnisse so zu verschieben, dass Frauen mehr finanzielle und wirtschaftliche Kontrolle haben und somit den Übergang von der Armut zur Existenzsicherung schaffen können. Das wirtschaftliche Empowerment von Frauen verändert die Gesellschaft und macht Frauen zu gleichberechtigten Partnerinnen. Damit weist wirtschaftliches Empowerment einen direkten Weg zur Beseitigung der Armut und zum Wirtschaftswachstum auf.

Darüber hinaus investieren Frauen, wenn ihr Einkommen steigt, tendenziell mehr in die Ernährung, Bildung und Gesundheit ihrer Familie, was zu einem Dominoeffekt führt und den ganzen Dorfgemeinschaften nützt. Ein höheres Einkommen und eine stärkere Verhandlungsposition der Frauen führen zu größeren Investitionen in die Bildung, Gesundheit und Ernährung der Kinder, was langfristig zu Wirtschaftswachstum führt.

Mehr noch, die wirtschaftliche Stärkung der Frauen ist sowohl für die Verwirklichung der Frauenrechte als auch für die Erreichung breiterer Entwicklungsziele wie Wirtschaftswachstum, Armutsbekämpfung, Gesundheit, Bildung und Wohlfahrt von wesentlicher Bedeutung. Sie fördert die Fähigkeit der Frauen, ihre Rechte und ihr Wohlergehen zu verwirklichen und gleichzeitig die Armut der Haushalte zu verringern, das Wirtschaftswachstum und die Produktivität zu steigern und die Effizienz zu erhöhen.

Wirtschaftlich gestärkte Frauen treiben den gesellschaftlichen Wandel voran, da sie beispielsweise die Möglichkeit haben, für ihre Rechte einzutreten und sich für ihre Gemeinschaften einzusetzen. Wirtschaftliches Empowerment ist einer der wirksamsten Wege für Frauen, ihr Potenzial auszuschöpfen und ihre Rechte durchzusetzen.

Darüber hinaus trägt wirtschaftliches Empowerment auch zur Verringerung der geschlechtsspezifischen Gewalt bei, verbessert die Möglichkeiten der Frauen zur Familienplanung und verlangsamt die Ausbreitung von HIV/ AIDS. Empowerment bedeutet eine Erweiterung der Wahlmöglichkeiten von Frauen, auch im Bereich der sexuellen und reproduktiven Gesundheit. Eine größere Entscheidungsbefugnis und Kontrolle der Frauen über ihre reproduktive Gesundheit verringert die Zahl der Kinder in den Familien und die Übertragung von HIV.

Frauen spielen eine Schlüsselrolle bei der Bewirtschaftung, Erhaltung, Ausbeutung und Nutzung natürlicher Ressourcen. Frauen sind die Hauptproduzentinnen und als solche für die Ernährungssicherheit ihrer Länder von entscheidender Bedeutung. Da Frauen die Mehrheit der Armen in der Welt ausmachen, ist das wirtschaftliche Empowerment von Frauen so wichtig. Die Diskriminierung von Frauen ist auch wirtschaftlich ineffizient. Die Volkswirtschaften verlieren, wenn ein wesentlicher Teil der Bevölkerung nicht gleichberechtigt am Wettbewerb teilnehmen oder sein Potenzial nicht voll ausschöpfen kann.

Schneiderei überwindet Armut in Bangladesch

Getreideanbau ist in Zeiten der Abhängigkeit noch wichtiger geworden

von Komla Sena Dzahini, Togo, Cado

Die Schulungen waren sehr nützlich für uns. Trotz unseres niedrigen Bildungsniveaus waren wir in der Lage, die gelehrten Schulungsmodule zu beherrschen. Dadurch sind wir in der Lage, Maniokfelder zu vermessen, Maniok und Gari zu wiegen, die Ausgaben zu bewerten und alle Daten in die dafür vorgesehenen Formulare einzutragen. Jetzt werden alle unsere Aktionen aufgezeichnet und die Daten stehen für technische, wirtschaftliche und finanzielle Analysen zur Verfügung. Mit dieser Infrastruktur haben wir von nun an einen Arbeitsplatz, mit dem wir uns identifizieren. Diese tapferen Landfrauen aus der Gemeinde Agou sind stolz zufrieden und hoffen auf weitere Erfolge. Zweifellos tragen Investitionen in Landfrauen und in ihre Fähigkeiten dazu bei, ihr Potenzial für eine nachhaltige menschliche Entwicklung zu entfalten. Wir wollen in Würde von unserer Arbeit leben und die Bildung, Gesundheitsfürsorge und Freizeitgestaltung unserer Kinder und Familien unterstützen. Durch unsere Genossenschaft Délice des Tropiques identifizieren wir uns als Unternehmerinnen, die Maniok verarbeiten. Wir hoffen, dass wir zu echten

Führungspersönlichkeiten der Gemeinschaft werden, die Veränderungen herbeiführen und ein Beispiel für andere Frauen sind. Daher sagen wir: Danke an die Association Marie Schlei, die uns über die NGO CADO finanziell unterstützt.

Fröhliche Bäuerinnen in Bolivien

Internationale Solidarität bleibt angesagt

Frauensolidarität mit Frauen aus Afrika, Asien und Lateinamerika wird mehr denn je gebraucht

von Elke Ferner

Zu den größten globalen Herausforderungen unserer Zeit gehört die Gleichstellung von Frauen und Mädchen. Sie ist die Voraussetzung für nachhaltige Entwicklung und eine gerechte Welt für alle Menschen. Nur wenn alle Frauen und Mädchen über vollumfängliche Menschenrechte und dieselben Verwirklichungschancen verfügen, können wir die Herausforderungen der Gegenwart und Zukunft erfolgreich meistern.

Mit der Agenda 2030 für nachhaltige Entwicklung und den 17 Nachhaltigkeitszielen (SDGs) haben die Vereinten Nationen bereits 2015 ihre Überzeugung formuliert, dass sich die globalen Herausforderungen nur gemeinsam lösen lassen und wirtschaftlicher Fortschritt nur im Einklang mit sozialer Gerechtigkeit und ökologischen Grenzen der Erde möglich ist. Die Gleichstellung von Frauen und Männern und die Stärkung aller Frauen und Mädchen sind im Ziel 5 als eigenständiges Ziel definiert sowie in weiteren Unterzielen als Aufgabe und zugleich als Teil der Lösung. Beispielsweise kann die Armut nicht beendet werden, ohne dass Frauen als überproportional von Armut betroffene Gruppen gleiche Beteiligungschancen erhalten.

Bisher hat noch kein Land der Welt die Gleichstellung von Frauen und Männer verwirklicht. Einige wenige wie Island sind schon fast am Ziel – alle anderen haben noch viel zu tun. Auf der ganzen Welt sind Frauen und Mädchen von Armut, Klimawandel, Ernährungsunsicherheit und Nahrungsmittelknappheit, unzureichender Gesundheitsversorgung, globalen Wirtschaftskrisen und Umweltkatastrophen in vielen Regionen deutlich stärker betroffen als Männer und Jungen. Außerdem sind sie in allen Gesellschaften überproportional vielfältigen Formen von geschlechtsspezifischer Diskriminierung und Gewalt ausgesetzt, die häufig straflos bleibt.

Die Ungleichheiten berauben Frauen und Mädchen ihrer grundlegenden Rechte und Chancen und sie haben sich in den letzten Jahren durch zahlreiche Krisen und Konflikte verschärft. Bereits erreichte Erfolge haben sich als sehr zerbrechlich erwiesen, wie beispielsweise durch die Corona-Pandemie.

Geschlechtsspezifische Gewalt gegen Frauen und Mädchen sowie sogenannte «schädliche Praktiken» sind im Zuge der COVID-19-Pandemie erheblich angestiegen. Pandemiebedingte Schulschließungen, Ausgangssperren und Stresssituationen etwa durch Jobverluste erhöhten das Risiko häuslicher Gewalt. Es wurde schwieriger, bei Bedrohungen dem gewalttätigen Partner oder Familienangehörigen zu entkommen und Schutzräume aufzusuchen. Zudem wurden an vielen Orten Schutz- und Präventionsprogramme ausgesetzt oder eingeschränkt. Weltweit wird die Gewalt gegen Frauen deshalb als «Schattenpandemie» bezeichnet.

Gewalt gegen Frauen ist ein Verbrechen und eine extreme Menschenrechtsverletzung, die Frauen in allen Ländern und Kulturen erleben. Jede dritte Frau erlebt im Verlauf ihres Lebens physische oder sexualisierte Gewalt – zumeist innerhalb, oft aber auch außerhalb einer Partnerschaft. Darin sind sexualisierte Belästigungen nicht inbegriffen. In einigen Regionen erleiden sogar bis zu sieben von zehn Frauen physische oder sexualisierte Gewalt durch ihren Partner. Gewalt gegen Frauen und Mädchen hat weitreichende Konsequenzen. Sie schadet nicht nur den Frauen selbst, auch ihre Familien und die Gesellschaft sind davon betroffen.

Krisen und Konflikte steigern das Risiko für körperliche, sexualisierte oder psychische Gewalt für Frauen zusätzlich. Aber auch andere geschlechtsspezifische Diskriminierungsformen potenzieren sich in Krisensituationen, so auch im Rahmen der Klimakrise. Auf der ganzen Welt sind es insbesondere Frauen und Mädchen, die besonders heftig unter den vielfältigen Folgen des Klimawandels leiden. Vor allem im Globalen Süden. Frauen und Mädchen machen den größten Teil der armen Menschen in der Welt aus und sind in vielen Bereichen weiterhin stark benachteiligt. Wenn weitere Diskriminierungsformen dazu kommen, verschärfen sich die Auswirkungen der Klimakrise zusätzlich. Unter anderem Indigene Frauen, Schwarze Frauen, ältere Frauen, LGBTQI+, Migrantinnen und behinderte Frauen sowie diejenigen in ländlichen oder Konfliktgebieten sind einem besonders hohen Risiko ausgesetzt. Frauen und Kinder sterben bei Naturkatastrophen mit einer 14-mal höheren Wahrscheinlichkeit als Männer. Beim Tsunami 2004 in Thailand waren 70 % der Todesopfer Frauen: Sie hielten sich zu Hause auf, wurden zu spät gewarnt und konnten nicht schwimmen. Die lange traditionelle Kleidung sowie die Verantwortung für Kinder und andere Angehörige erschwerten die Flucht zusätzlich. Nach Naturkatastrophen steigt das Risiko für häusliche und sexualisierte Gewalt, Zwangsheiraten oder Ausbeutung deutlich an. Da Frauen weniger Einkommen, finanzielle Rücklagen oder Besitz haben, finden sie nach einer Katastrophe sehr viel schwieriger zurück auf die Füße. All dies verdeutlicht, wie die vielfältigen Diskriminierungsformen, denen Frauen und Mädchen ausgesetzt sind, die lebensbedrohenden Auswirkungen des Klimawandels weiter verschärfen.

Wir müssen Frauen und Mädchen auf der ganzen Welt stärken und Gleichstellung unter Hochdruck umsetzen, damit alle Menschen ein gesundes, sicheres Leben führen können. Nur wenn alle über die gleichen Rechte und Chancen verfügen, haben alle dieselben Möglichkeiten, mit der Klimakrise umzugehen und sich für die Eindämmung des Klimawandels einzusetzen. Bestehende Ungleichheiten zwischen den Geschlechtern müssen also schnellstmöglich und nachhaltig beendet werden!

Doch Frauen sind nicht nur Opfer der Klimakrise: Weltweit sind es vor allem junge Frauen, die die Klimabewegungen anführen. Häufig werden Klima- und Umweltaktivistinnen aber nicht gehört und kaum unterstützt. Im Gegenteil: Aktivistinnen werden belächelt und verniedlicht, sind Bedrohungen und Gewalt ausgesetzt. Wir alle haben schon von den Hasskommentaren gegen Greta Thunberg oder den sexistischen Sprüchen gegen Luisa Neubauer gehört. Bekannt ist auch der Mord an der honduranischen Umweltaktivistin Berta Cáceres. Aktivistische Frauen und feministische Organisationen müssen auf der ganzen Welt geschützt, unterstützt und gehört werden, denn sie können einen wirklichen Wandel bewirken.

Frauen kämpfen also als Aktivistinnen gegen den Klimawandel, in den meisten Machtpositionen, sitzen aber nach wie vor Männer. Weltweit ist nur ein Viertel der Parlamentarier*innen Frauen, auf der Weltklimakonferenz 2019 lag der Frauenanteil in den Gremien bei durchschnittlich 33 Prozent. Von zivilgesellschaftlichen Klimabewegungen über die nationale Klimapolitik bis zu internationalen Klimaverhandlungen: Frauen müssen gleichberechtigt an allen Verhandlungstischen sitzen und Entscheidungen mittreffen! Die Perspektiven und Bedürfnisse derjenigen, die heute am stärksten vom Klimawandel betroffen sind, müssen die Lösungen für morgen mitbestimmen.

Die Beispiele geschlechtsspezifische Gewalt und Klimakrise verdeutlichen, wie wichtig strukturelle Veränderungen sind, um Diskriminierungen und Ungleichheiten nachhaltig zu beenden. Neben der Nothilfe in Krisen- und Konfliktsituationen unterstützen UN Women Deutschland daher die Grundsätze feministischer Außen- und Entwicklungszusammenarbeit.

Feministische Außen- und Entwicklungspolitik stellt Frauen und insbesondere marginalisierte Gruppen in den Mittelpunkt von politischen Entscheidungen und führt im Ergebnis zu einer gerechteren Welt für alle. Feministische Außen- und Entwicklungspolitik folgt dem Grundsatz, bestehende diskriminierende, hierarchische und postkoloniale Machtstrukturen langfristig abzubauen. Menschen und Gruppen, insbesondere Frauen und Mädchen sowie marginalisierte Gruppen, stehen im Zentrum politischer Maßnahmen. Feministische Außen- und Entwicklungspolitik setzt an den Ursachen an und erkennt an, dass Menschen aufgrund von Merkmalen wie Geschlecht(sidentität), sozioökonomischem Status, Religion, Ethnizität, sexueller Orientierung, Behinderungen, Aufenthaltsstatus oder Alter unterschiedlich Diskriminierung oder Privilegien erfahren.

Die Stärkung und Beteiligung von Frauen und Mädchen an der Gestaltung unserer Welt ist eine grundlegende Voraussetzung zur Beendigung von Armut, Ungleichheit und Gewalt. Außerdem ist sie dringend notwendig für eine friedliche, gerechte und nachhaltige Welt. Die Stärkung und Beteiligung von Frauen und Mädchen ist nicht nur eine Frage der Gerechtigkeit, sie hat auch eine Hebelwirkung auf Wirtschaftswachstum und nachhaltige Entwicklung. Dies ist nicht nur gerecht, sondern zugleich in ökonomischer und sozialer Hinsicht unverzichtbar. Dass diese Grundsätze in der Agenda 2030 für nachhaltige Entwicklung sowie in den Leitlinien feministischer Außen- und Entwicklungspolitik festgeschrieben sind, haben wir vor allem dem unermüdlichen Einsatz vieler Generationen von Feministinnen und ihrer Grenzen überschreitenden Solidarität zu verdanken.

Nicht zuletzt vor dem Hintergrund der aktuellen Krisen und Konflikte sowie den aufkeimenden frauenfeindlichen Bewegungen auf der Welt hat sich gezeigt, wie wichtig die internationale Solidarität ist, damit die Mehrheit der Menschheit gleiche und umfassende Teilhabe- und Verwirklichungschancen erhält und vor allem die besonders vulnerablen Gruppen geschützt werden.

Auch wenn uns bis 2030 nicht mehr viel Zeit bleibt, die Nachhaltigkeitsziele und die Gleichstellung von Frauen und Männern zu verwirklichen – aufgeben ist keine Option. Wir haben keine Erkenntnisdefizite, sondern Handlungsdefizite. Wenn der politische Wille vorhanden ist, die Gleichstellung von Frauen und Männern und die drei R's der feministischen Entwicklungszusammenarbeit zum Leitprinzip in allen Politikfeldern zu machen, wird uns noch vieles bis 2030 gelingen.

Malis Frauen pflanzen Getreide und Gemüse an und schützen sie durch Zäune

Frauen sind kein Eigentum des Mannes mehr

von Regine Ginoguin-Verana, Philippinen, ALKARU

In der Vergangenheit beherrschten die Männer die Gesellschaft und die Frauen waren ihnen untergeordnet. Frauen äußerten in der Familie selten oder gar nicht ihre Meinung, und Männer waren die einzigen, die alle Entscheidungen trafen. Eine Frau wurde als Eigentum des Mannes betrachtet. Traditionen, Gesellschaft und Ungleichheit sahen in den Frauen wertlose Wesen. Frauen waren ausgegrenzt und auf ihre Familienarbeit beschränkt. Sie galten als wertlos, wurden missbraucht und führten ein schweigendes Leben. Mit den weltpolitischen Veränderungen änderte sich auch die Rolle der Frau. Ein Schlüssel zu ihrer Entwicklung war der Zugang zu Bildung. Die Gesellschaft begriff, dass Frauen ihren Wert haben, ihre Fähigkeiten und Bedeutung. Sie konnten in der Landwirtschaft, in der Medizin, in der Ingenieurskunst und auch in der Politik tätig werden.

Die Alaykapwa setzte auf Frauen bei der Gründung einer Genossenschaft. Es war schwer für die Frauen, Fuß zu fassen. Ihnen wurde Mut gemacht, obwohl sie Angst hatten. So begann die Zusammenarbeit von 15 Frauen und ihren Familien. Sie unterrichteten ihre Kinder, weil sie immer ein besseres Leben für ihre Kinder wollten als für sich selbst.

Frauen spielen eine wichtige Rolle für die Entwicklung in ihren Ländern. Sie waren Bäuerinnen und Nahrungsmittelproduzentinnen, Geschäftsinhaberinnen, Produzentinnen sowie später auch Arbeiterinnen mit Wertschätzung. So konnten neue Programme für das Economic Empowerment von Frauen beginnen, um mit den erlangten Fähigkeiten Einkommen zu erzielen.

Die Frauen setzten auf Kühe zur Milchproduktion und andere Vorteile aus ihrer Tierzucht. Sie gründeten eine Genossenschaft, die nicht nur Tierzucht, sondern auch andere Produkte fördern, wie z.B. Kokosmarmelade und den Aufbau einer Bäckerei. Auch wurden Perlen zu Schmuck verarbeitet. Viele der Frauen sind inzwischen selbstständig. Sie sind nicht länger abhängig, sie sind Hoffnung und Entwicklung und werden zur Zukunft der Welt ihren Beitrag leisten.

Ugandische Frauen beim Unterricht im Vanilleanbau

Nachhaltige Stadtentwicklung gelingt nur mit Frauen

von Gabriele Heinrich

«Städte sind die Orte, an denen der Kampf für
nachhaltige Entwicklung gewonnen oder verloren wird.»
– ehemaliger VN-Generalsekretär Ban Ki-Moon

Städte sind unsere Zukunft. Bereits heute lebt mehr als die Hälfte der Weltbevölkerung in Städten. Und es werden mehr: Bis 2050 werden es voraussichtlich mehr als zwei Drittel aller Menschen sein. In manchen Regionen der Welt schreitet die Urbanisierung rasanter voran als in anderen. Zum Beispiel in Subsahara-Afrika. Schätzungen zufolge wird sich die urbane Bevölkerung in der Region in wenigen Jahrhunderten nahezu verdreifachen.

Damit gehen zahlreiche Herausforderungen einher. Mit den Städten wachsen zugleich soziale Ungleichheit und Armut. Bereits heute leben über zwei Milliarden Menschen in Städten unter der Armutsgrenze. Es braucht dringend nachhaltige Konzepte zur Minderung der Armut, aber auch für nachhaltiges Wirtschaftswachstum und zur Erreichung der Klima- und Entwicklungsziele.

In einem Positionspapier zur nachhaltigen Stadtentwicklung macht das Bundesministerium für wirtschaftliche Zusammenarbeit und Entwicklung (BMZ) deutlich, dass dringender Handlungsbedarf besteht. Denn die Planungs-, Bau- und Investitionsentscheidungen der nächsten zehn Jahre werden die städtischen Strukturen für Jahrzehnte zementieren – und, wenn es schlecht läuft, die ungleichen Lebensbedingungen gleich mit.

Es geht darum, dass Urbanisierung überhaupt gestaltet wird. Vielerorts verstädtern Räume völlig ungeplant. Statt kompakt geplanter Städte entstehen breit gezogene Agglomerationen. Ein enormer Flächenverbrauch schafft dann gewaltige Herausforderungen für die Mobilität. Und es entstehen Slums. Diese «Zentren der Armut» bergen nicht nur sozialen Sprengstoff für fragile Staaten. Das Zusammenleben auf engstem Raum unter prekären Bedingungen begünstigt auch die Ausbreitung von Infektionskrankheiten und Gewalt.

Die Gestaltung der Urbanisierung klingt erst einmal nach einer Mammutaufgabe. Gehen wir sie richtig an, bietet sie jedoch enorme Chancen. Wir müssen uns aber fragen: Wer wird an den Entwicklungsprozessen beteiligt? An welchen Bedarfen orientieren sie sich? Oft wird die Hälfte der Bevölkerung einfach vergessen: Frauen und ihre Bedürfnisse finden in vielen Teilen der Welt nur geringe oder gar keine Berücksichtigung in der Stadtentwicklung. Und das, obwohl bereits die 2016 auf der Habitat-III-Konferenz in Quito verabschiedete «New Urban Agenda» die Bedeutung der Gleichstellung der Geschlechter als Teil der Stadtentwicklung etablierte.

Im Sinne der feministischen Entwicklungspolitik muss es jetzt auch darum gehen, die Bedürfnisse von Frauen bei der Stadtplanung zu beachten. Solange Städte ungeplant entstehen oder nach den immer gleichen Mustern gebaut werden, reproduzieren sie weiter strukturelle Ungleichheit und vertiefen soziale Gräben. Das ist nicht nur ungerecht, sondern wirkt sich negativ auf die gesamte Gesellschaft aus.

Von Männern für Männer gemacht

Seit Jahrhunderten folgt Stadtplanung denselben Mustern. Mustern, die auf männlichen Erfahrungen basieren und weibliche Lebensumstände ausklammern. Die Perspektive von Männern wird als Norm akzeptiert, Frauen gelten so als Abweichung von dieser Norm. Dabei müssten gerade ihre Bedürfnisse sichtbar gemacht und berücksichtigt werden.

Frauen sind besonders von der zunehmenden Armut in Städten betroffen. Sie machen 58 Prozent der informell Beschäftigten aus und verfügen über lediglich 20 Prozent des Grundbesitzes. Häufig leben sie in Slums, wo sie von Abwasser- und Abfallentsorgung abgeschnitten sind und nur eingeschränkten Zugriff auf frisches Wasser haben. Hier spielt auch der Zugang zu sanitären Einrichtungen und Hygieneartikeln eine wichtige Rolle. In ärmeren Viertel fehlt es den Menschen an privaten Toiletten zu Hause. Sie sind also auf öffentliche Toiletten angewiesen. Das betrifft natürlich auch die Männer. Frauen stellt es jedoch vor andere, meist größere Probleme: Gibt es Zugang zu Hygiene- und Menstruationsprodukten? Wo befindet sich die nächste öffentliche Toilette? Ist der Weg dorthin sicher? Sind die Toiletten nach Geschlechtern getrennt? In Indien laufen Mädchen und Frauen, die keine eigene Toilette zu Hause haben, ein doppelt so hohes Risiko, Opfer sexueller Gewalt zu werden. Der Zugang zu sauberen und vor allen Dingen sicheren Sanitäreinrichtungen ist daher zentraler Bestandteil einer geschlechtergerechten Stadt.

Dasselbe gilt für die Gestaltung von Städten mit Blick auf spezifische Sicherheitsbedürfnisse. «Die Stadt ist nicht dieselbe für Männer und Frauen», so Ana Falú, argentinische Architektin und Frauenrechtsaktivistin. «Sie erleben sie anders, sie genießen sie anders und sie leiden anders unter ihr.» Damit meint sie die immense Bedrohung durch Gewalt, der Frauen täglich ausgesetzt sind. Abgelegene Bushaltestellen, dunkle Unterführungen, große, leere Plätze – all das sind Gefahrenquellen für potenzielle Gewaltübergriffe, von welchen Frauen unverhältnismäßig häufiger betroffen sind als Männer. Das schränkt sie in ihrer Beweglichkeit und damit in ihren Freiheitsrechten ein. Schätzungen zufolge werden rund 80 Prozent des öffentlichen Raumes in Städten von Männern genutzt. Zudem nutzen Frauen Städte anders als Männer. Weltweit sind es nach wie vor Frauen, die den Großteil der Care-Arbeit übernehmen. Daraus ergeben sich unterschiedliche Mobilitätsmuster.

Es sind die Erfahrungen von Frauen, die in den Entscheidungsgremien unterrepräsentiert sind oder komplett fehlen. Diese Art von Stadtplanung führt zu einer Gestaltung von Städten, die sich an den Bedarfen nur einer Hälfte der Gesellschaft ausrichtet und die der anderen Hälfte vernachlässigt oder ignoriert. Sie sind von Männern für Männer gemacht. Und verkennen die spezifischen Bedürfnisse von Frauen.

Die feministische Stadt: eine Stadt für alle

Überall auf der Welt wachsen Städte und entstehen neue. Diese Entwicklungen bringen große Herausforderungen mit sich. Gleichzeitig bieten sie einen ganzen Strauß neuer Chancen – und zwar dann, wenn Geschlechtergerechtigkeit eine Rolle in ihrer Planung spielt. Häufig geht dies Hand in Hand mit den globalen Nachhaltigkeitszielen, den SDGs, zu deren Einhaltung wir uns verpflichtet haben. Wenn eine Stadt alle ihre Bewohnerinnen und Bewohner gleichberechtigt berücksichtigen soll, müssen Frauen zunächst einmal gleichberechtigt an Planungs- und Entscheidungsprozessen beteiligt werden. Denn wer könnte die Bedürfnisse von Frauen im Alltag besser erkennen und in konkrete Ideen für eine inklusive Stadtgestaltung übersetzen als Frauen selbst?

Eine gute Idee, die mittlerweile internationalen Modellcharakter erlangt hat, stammt aus Bogotá, Kolumbien. Dort hat die Stadtverwaltung sogenannte «Manzanas del Cuidado» eingerichtet, eine Art Fürsorgezentrum. In ihnen stehen Menschen im Vordergrund, die Fürsorgearbeit leisten. Die Idee dahinter erklärt Bürgermeisterin Claudia López: «Es soll den Frauen helfen, aus der Armut zu kommen und ihnen die Möglichkeiten geben, die sie verpasst haben, während sie sich um andere Menschen gekümmert haben.» Die Zentren bündeln viele Angebote an einem Ort: Kurse, um den Schulabschluss nachzuholen, Finanzbildung, Computer- oder Sportkursen bis hin zu Englischunterricht. Für Opfer häuslicher Gewalt stehen Anwält_innen oder Psycholog:innen zur Verfügung. Das alles ist für die Teilnehmenden komplett gratis – die Stadt übernimmt die Kosten. Bislang gibt es 18 solcher Zentren in Bogotá. Langfristig sollen es mehr als 40 werden.

Eine geschlechtergerechte Stadtplanung bedeutet zudem, bei der Gestaltung öffentlicher Plätze, Wege und Haltestellen den Blick auf die Sicherheit von Frauen und Mädchen zu richten. Das muss nicht unbedingt den Einsatz von mehr Sicherheitspersonal oder Überwachungskameras implizieren. Multifunktionale Plätze und Räume, die zum Verweilen einladen und von Menschen aller Kulturen, Altersgruppen und auch Geschlechter genutzt werden, führen nicht nur zu mehr Austausch und Zusammenhalt in der Stadt. Sie senken auch die Gewaltrate enorm. Hierfür wurden in einigen Landeskriminalämter in Deutschland mittlerweile eigens Stellen zur städtebaulichen Kriminalprävention geschaffen, zum Beispiel in Berlin. In Quito, Ecuador, wurden die Korridore, die Wartebereiche in Bahnhöfe verbinden, umgebaut und mit transparenten Glaskorridoren ersetzt. Immer wieder hatten Frauen davon berichtet, sich dort unsicher zu fühlen. Die neuen Korridore erweitern die

Neue Chancen für viele Frauen

Sicht und wirken so als eine Art «natürliche Überwachung». Das Sicherheits-
gefühl für Frauen hat sich seitdem deutlich verbessert. Die Möglichkeiten sind
vielfältig und reichen bis zu «Frauenwaggons» in der U-Bahn, wie es sie zum
Beispiel in Japan gibt.

Urbanisierungsprozesse als Chancen begreifen

In den Städten der Zukunft steckt viel Potenzial. Dieses Potenzial greift die
deutsche Entwicklungszusammenarbeit auf. Sie unterstützt Regierungen,
Stadtverwaltungen und andere lokale Akteur:innen bei der Gestaltung le-
benswerter und sozialer Städte, die sich an den Bedürfnissen aller Bewoh-
ner:innen orientieren. Dabei handelt sie nach dem Prinzip: «Leave no one
behind» und «Leave no place behind». Kein Mensch, kein Ort, kein Stadtteil
soll zurückgelassen werden. Eine gerechte urbane Transformation kann so
nicht nur zum Abbau von Ungleichheiten beitragen. Sie ist auch wichtiger
Ausgangspunkt für die Erreichung der globalen Nachhaltigkeitsziele: etwa si-
cherer Zugang zu öffentlichem Nahverkehr und öffentlichen Räumen in Städten (SDG 11), Zugang zur Wasser- und Sanitärversorgung (SDG 6) und natürlich
Geschlechtergleichstellung (SDG 5).

«Städte sind die Orte, an denen der Kampf für nachhaltige Entwicklung gewonnen oder verloren wird.» Das hat der ehemalige VN-Generalsekretär Ban Ki-Moon schon vor Jahren festgestellt. Und er hat recht. Deshalb müssen wir Urbanisierung als Chance begreifen – als Chance, Städte neu zu denken, lokale Lösungsstrategien für globale Herausforderungen zu entwickeln und eine lebenswerte Zukunft für alle Menschen zu schaffen.

Ohne Frauen keine nachhaltige Entwicklung

von Reiner Hoffmann und Gunda Röstel

Ohne Frauen keine nachhaltige Entwicklung – die Hebelwirkung von SDG 5

Mit dem Jahr 2023 hat die Weltgemeinschaft die Halbzeit der Agenda 2030 und ihrer 17 Nachhaltigkeitsziele (SDGs) erreicht. Laut Fortschrittsbericht der Vereinten Nationen[1] entwickeln sich nur zwölf Prozent der rund 140 Unterziele in die richtige Richtung. Knapp 50 Prozent der Unterziele weisen zwar einen leichten Fortschritt auf, sind aber dennoch mäßig bis stark von einer Zielerreichung entfernt. Etwa 30 Prozent der Ziele verzeichnen entweder keine beziehungsweise eine negative Trendentwicklung oder sind sogar unter den Ausgangswert von 2015 zurückgefallen. Angesichts der nur sieben verbleibenden Jahre ist diese Trendentwicklung der Agenda 2030 besorgnis-

---

[1] UN-Secretary-General (2023), *Remarks to launch the Special Edition of the Sustainable Development Goals Progress Report.*

erregend und alarmierend. Das betrifft auch SDG 5: «Die Gleichstellung der Geschlechter ist noch etwa 300 Jahre entfernt»[2], stellte UN-Generalsekretär António Guterres erst kürzlich im Rahmen der Vorstellung des Fortschritts-berichts fest.

Bereits zur Verabschiedung der Agenda 2030 im Jahr 2015 war klar, dass einzelne Ziele signifikante Ausstrahlungseffekte auf die gesamte Agenda 2030 entfalten können und Synergien mit vielen der anderen Ziele aufweisen. Auch SDG 5, das Erreichen von Geschlechtergerechtigkeit und Selbstbestimmung für alle Frauen und Mädchen, gehört zu diesen Zielen. Zur Halbzeitbilanz der Agenda 2030 müssen wir daher konstatieren, dass sich nicht nur viele der SDGs zu langsam oder gar negativ entwickeln, sondern auch, dass die Ziele mit großem Synergiepotenzial nicht systematisch und weltumspannend als Hebel genutzt werden.

Dabei wissen wir längst, dass die Sicherstellung der Gleichberechti-gung, d.h. die Präsenz von Frauen in Gremien und damit ihre Teilhabe an Entscheidungen nicht nur moralisch unabdingbar, sondern auch mit das Klügste ist, was die Weltgemeinschaft tun kann.[3] Die vor uns liegende und dringend notwendige Transformation aller Lebensbereiche kann nur gelin-gen, wenn die Kapazitäten und Ressourcen aller Menschen voll mobilisiert werden. Es ist inzwischen allgemein anerkannt, dass die Verringerung von Ungleichheiten zwischen den Geschlechtern Hand in Hand mit größerer wirtschaftlicher Stabilität und Resilienz sowie geringerer Einkommens-ungleichheit einhergeht.[4] Laut BMZ[5] könnte das globale Wirtschaftswachs-tum um 20 Billionen US-Dollar zunehmen, wenn Frauen auf dem gleichen Niveau ausgebildet würden und ihnen die gleiche Anzahl von Arbeitsplätzen zur Verfügung stünde wie Männern. Landwirtschaftliche Erträge lägen um 20 bis 30 Prozent höher, hätten Frauen in der Landwirtschaft weltweit den gleichen Zugang zu Produktionsmitteln wie Männer. Zudem seien die Chan-cen auf nachhaltigen Frieden signifikant höher, säßen Frauen mit am Ver-handlungstisch und wären aktiv an Friedensverhandlungen beteiligt. Auch könnte eine Erhöhung des Frauenanteils in den nationalen Parlamenten

2   Ebd.
3   High-Level Advisory Board on Effective Multilateralism, HLAB (2023), *A Breakthrough for Peo-ple and Planet: Effective and Inclusive Global Governance for Today and the Future* (New York: United Nations University).
4   International Monetary Fund (2022), *IMF Strategy Toward Mainstreaming Gender.*
5   BMZ (2023), *Agenda 2030 – SDG 5* (zuletzt abgerufen am 7.7.2023).

von nur zehn Prozent zu einem jährlichen Rückgang von 0,24 Tonnen CO_2 pro Kopf führen.[6]

Geschlechtergerechtigkeit und gleichberechtigte Teilhabe sind wichtige Voraussetzungen für nachhaltigen Wohlstand, Frieden und Sicherheit in der Welt sowie für eine erfolgreiche Umsetzung der Agenda 2030.

Bereits zu Beginn der Corona-Krise 2020 wies der Rat für nachhaltige Entwicklung (RNE)[7] darauf hin, dass die Krise zusätzlich offenlege, dass trotz bestehender sozialer Netze insbesondere Frauen und Familien mit kleinen Kindern betroffen seien, traditionelle Geschlechterrollen durch die ungleiche Verteilung der familiären Care-Arbeit wieder verstärkt und damit bestehende soziale Ungleichheitsstrukturen weiter verfestigt würden.[8] Frauen waren somit insgesamt stärker von den Auswirkungen der Corona-Pandemie betroffen als Männer. Dass es einer Trendwende in Bezug auf faire Entlohnung in vorwiegend weiblichen Berufsgruppen wie etwa im Gesundheitswesen und in der Pflege bedarf, wurde erst im Zuge der Corona-Krise thematisiert und angegangen. Zuvor wurde diese Möglichkeit, auch um Chancengleichheit und sozialen Zusammenhalt zu fördern, nicht genutzt. Gleiches Geld für gleichwertige Arbeit bleibt dennoch ein zentrales Thema in der Gleichberechtigung.

Bildung und Wasserversorgung als Voraussetzungen für Entwicklungschancen in Wechselwirkung mit Gleichberechtigung

Vor 13 Jahren, im Juli 2010, hat die UN-Generalversammlung das Anrecht auf Wasser- und Sanitärversorgung in den Katalog der Menschenrechte aufgenommen. Seitdem sind Wasserverfügbarkeit, -management und -zugang auch durch die voranschreitende Klimakrise weltweit stetig drängendere Themen geworden. Noch immer haben weltweit rund 2,2 Milliarden Menschen keinen sicheren Zugang zu sauberem Trinkwasser und rund 3,4 Milliarden Menschen keinen Zugang zu einer angemessenen Sanitärversorgung.[9] So hat auch die Wasserkonferenz der Vereinten Nationen im März 2023 noch

---

6   Ebd.

7   Rat für Nachhaltige Entwicklung, RNE (2020), *Raus aus der Corona-Krise im Zeichen der Nachhaltigkeit.*

8   Frauenhofer ISI (2022), *Zwei Jahre Corona-Pandemie: Lehren für gesellschaftliche Resilienz und die Nachhaltigkeitstransformation. Gutachten im Auftrag des RNE.*

9   BMZ (2023), *Agenda 2030 – SDG 6* (zuletzt abgerufen am 7.7.2023).

einmal das Recht auf Wasser für jeden Menschen als Grundvoraussetzung für nachhaltige Entwicklung hervorgehoben.[10]

Die Zielerreichung des SDG 6 «Sauberes Wasser und Sanitäreinrichtungen» steht dabei insbesondere mit Ungleichheit (SDG 10) und Geschlechtergerechtigkeit (SDG 5) in enger Wechselwirkung. Gerade in ärmeren Ländern sind es oft die Frauen und Mädchen, die für die Wasserbeschaffung zuständig sind und die unter dem Fehlen von sicheren Sanitäranlagen leiden. Beides führt dazu, dass sie nicht nur vielen Gefahren ausgesetzt sind, sondern vor allem durch den hohen Zeitaufwand bei der Wasserbeschaffung schlechtere Chancen auf eine angemessene Schul- und Ausbildung haben und damit in eine vorrangig häusliche Rolle gedrängt werden.[11]

In einigen Ländern finden sich aber auch gute Beispiele für eine Aufwertung der Rolle der Frauen, so beispielsweise in Côte d'Ivoire unter dem Dach der African Water and Sanitation Association (AfWASA), dem länderübergreifenden Verband der afrikanischen Wasser- und Abwasserwirtschaft. Ein Netzwerk aus Frauen setzt sich dort einerseits für eine gleichberechtigte Teilhabe von Frauen an Führungspositionen innerhalb von Wasserinstitutionen ein und macht sich andererseits für die Förderung junger Frauen stark, eine Ausbildung in diesem Bereich zu absolvieren.[12] Die Einbeziehung von Frauen im Management und auch in der technischen Umsetzung und Betreuung von Versorgungsstrukturen sichert langfristig den Abbau geschlechterspezifischer Rollen und trägt zu einer Verbesserung der häuslichen Situation und Bildung von Frauen bei. Und nicht zuletzt verbessert und sichert der Zugang von Mädchen und Frauen zu einer Ausbildung in diesem Bereich auch den langfristigen und nachhaltigen Betrieb von Anlagen. Hierbei bietet auch die deutsche Wasserwirtschaft ganz konkrete Unterstützung. So wird derzeit unter Federführung von German Water Partnership, dem Verband der international ausgerichteten deutschen Wasserwirtschaft, mit Unterstützung des Bundesministeriums für wirtschaftliche Zusammenarbeit und Entwicklung (BMZ) und gemeinsam mit dem afrikanischen Partnerverband AfWASA am Aufbau einer Ausbildungsakademie für Berufe im Wassersektor gearbeitet.[13]

10 United Nations (2023), *Historic UN conference marks watershed moment to tackle global water crisis and ensure water-secure future.*

11 UN Women Deutschland (2023), *SDG 6 – sauberes Wasser und sanitäre Einrichtungen* (zuletzt abgerufen am 7.7.2023)

12 AfWA (2023), *Women professionals program* (zuletzt abgerufen am 7.7.2023).

13 German Water Partnership (2023), *African-German Training Initiative for Water and Sanitation, AGTIWAS* (zuletzt abgerufen am 7.7.2023).

Gerade der notwendige Aufbau der Wasserver- und Abwasserentsorgung bietet Frauen hervorragende Möglichkeiten, lokal und regional berufliche und private Interessen nutzbringend zu verbinden.

Ein neues Momentum für feministische Politik und die Rolle von Wasser als Gerechtigkeitsfrage

Beginnend mit Schweden im Jahr 2014 haben sich mehrere Regierungen aus verschiedenen Weltregionen für eine «feministische Außenpolitik» bzw. eine «feministische Entwicklungszusammenarbeit» ausgesprochen, darunter Kanada (2017), Frankreich (2018), Luxemburg (2019), Mexiko (2020) und Spanien (2021) – zuletzt auch Deutschland und die Niederlande.

Die Bundesregierung hat sich erstmals im Koalitionsvertrag 2021 zu einer «Feminist Foreign Policy» bekannt, um die Rechte, Ressourcen und Repräsentanz von Frauen und marginalisierten Gruppen weltweit zu stärken und gesellschaftliche Diversität zu fördern. Im März 2023 wurden die Leitlinien der deutschen feministischen Außen- und Entwicklungspolitik dann im Bundeskabinett vorgestellt.

Der Forderung nach einer feministischen Außen- und Entwicklungspolitik liegt das Verständnis zugrunde, dass wir nicht wie bisher weitermachen können, da die bisherigen politischen Strategien es nicht vermocht haben, gerechte und nachhaltige Lösungen für die vielen globalen Krisen unserer Zeit zu finden. Sie stellt dabei die Lebensrealitäten marginalisierter Gruppen in den Fokus und will erreichen, dass alle Menschen unabhängig von Herkunft, Hautfarbe, Religion, körperliche und/oder, geistiger Einschränkung, Geschlecht, sexueller Orientierung oder Einkommen die gleichen Rechte genießen. Sie will gewährleisten, dass marginalisierte Gruppen in allen Bereichen des gesellschaftlichen Lebens in gleicher Weise repräsentiert sind und den gleichen Zugang zu Ressourcen haben. Sie will ermöglichen, dass Frauen und marginalisierte Menschen als Führungspersonen und Agents of Change Gesellschaften voranbringen und Demokratien stärken. Eine feministische Außen- und Entwicklungspolitik ist daher keine Politik für Frauen; der Begriff steht vielmehr für eine Politik, die allen Menschen und damit schlussendlich der gesamten Gesellschaft zugutekommt. Mit einem intersektionalen Ansatz erkennt sie an, dass Diskriminierung mehrere Dimensionen hat und historisch gewachsene Machtstrukturen infrage gestellt und aufgebrochen werden müssen. In einem kritischen Lernprozess soll über die eigene Geschichte und historische Verantwortung für unsere koloniale Vergangenheit reflektiert sowie Diskriminierung abgebaut werden.[14]

Während sich die Leitlinien des Auswärtigen Amts für eine feministische Außenpolitik vor allem im Sinne eines Mainstreamings durch das diplomatische Handeln im Auswärtigen Dienst ziehen sollen, gilt die Strategie des Bundesministeriums für wirtschaftliche Zusammenarbeit und Entwicklung (BMZ) für eine feministische Entwicklungspolitik als handlungsweisend für alle Durchführungsorganisationen der deutschen Entwicklungszusammenarbeit. Bis 2025 sollen 93 Prozent der neu zugesagten Projektmittel in Vorhaben fließen, die die Gleichstellung der Geschlechter voranbringen. Um Machtstrukturen aufzubrechen, soll verstärkt mit zivilgesellschaftlichen Organisationen aus dem Globalen Süden zusammengearbeitet und die Projekte an die Gegebenheiten des jeweiligen Landes angepasst werden.

Dabei werden wasserbezogene Projekte in der BMZ-Strategie zu Recht als Good-Practice-Beispiele genannt, denn es sind insbesondere Frauen und Mädchen, die unter dem mangelnden Zugang zu sauberem Wasser und sanitären Einrichtungen leiden. Dieser Synergieeffekt aus einer Verbesserung der Versorgungssituation und der Geschlechtergerechtigkeit ist im entwicklungspolitischen Diskurs unumstritten.

Ohne Geschlechtergerechtigkeit und gleichberechtigte Teilhabe werden wir die Agenda 2030 nicht umsetzen können. Daher stellt auch der jüngste Bericht des Hochrangigen Beratungsgremiums (HLAB) unter Vorsitz von Ellen Johnson Sirleaf und Stefan Löfven das SDG 5 als Dimension ins Zentrum, ohne die die anderen Ziele der Agenda 2030 nicht realisierbar sind.[15] Es braucht einen starken politischen Willen und weitreichende Reformen, um SDG 5 im Rahmen eines holistischen Ansatzes in allen Maßnahmen zur Erreichung aller Nachhaltigkeitsziele zu verankern. Dieser Grundsatz sollte sich auch in der deutschen Nachhaltigkeitsstrategie widerspiegeln und als Leitbild für den Endspurt nach der Halbzeit fungieren. Eine stärkere Beteiligung von Frauen und Mädchen wird dazu beitragen, der Zielerreichung aller SDGs, insbesondere auch des SDG 6, näherzukommen.

---

14 Auswärtiges Amt (2023), *Feministische Außenpolitik gestalten*, und Bundesministerium für Wirtschaftliche Zusammenarbeit und Entwicklung, BMZ (2023), *Feministische Entwicklungspolitik*.

15 High-Level Advisory Board on Effective Multilateralism, HLAB (2023), *A Breakthrough for People and Planet: Effective and Inclusive Global Governance for Today and the Future* (New York: United Nations University).

Nachhaltige Entwicklung nützt Frauen

von Grace Iradukunda, Ruanda, Hand in Hand

Hand in Hand für Entwicklung ist eine lokale Frauenorganisation, die für eine ökologische Landwirtschaft eintritt und gesundes Gemüse anbaut. In der gemeinsamen Projektarbeit entstand ein Gewächshaus für den Gemüseanbau und hochwertige Setzlinge.

40 arme Frauen sahen bald Fortschritte: Sie bekämpfen Unterernährung, ihr Einkommen wurde durch den Verkauf von Gemüse erhöht und ihre Produktivität gesteigert. Selbst eine Krankenversicherung sowie Schulgebühren und Schulmaterial für ihre Kinder können bezahlt werden.

Die Stärkung der Rolle der Frauen ist ein Schlüssel zur Entwicklung. Wer die Entwicklung vorantreiben will, sollte in Frauen investieren. Schließlich sagt ein ruandisches Zitat: «Wenn eine Frau die Macht hat, dann hat die ganze Nation die Macht.» Der erfolgreiche Anbau führte dazu, dass die geschulten Frauen alle interessierten Dorfbewohnerinnen unterrichteten und Spargruppen bildeten. Sie legten außerdem einen Gemüsegarten für das Dorf an.

Frauen Empowerment ist eine gute Strategie, um Entwicklung zu beschleunigen, und daher sollte in Frauen investiert werden.

Mutter und Kind lieben Gemüse

Frauenrechte sind Menschenrechte weltweit!

von Dr. Bärbel Kofler

Die Gleichberechtigung der Geschlechter und die Stärkung von Frauenrechten sind Schlüsselfaktoren für nachhaltige Entwicklung – auf lokaler, nationaler und globaler Ebene. Dieser Anspruch ist nicht neu und institutionell in vielen internationalen Abkommen und Verfassungen verankert. Die soziale Wirklichkeit sieht weltweit jedoch häufig anders aus.

Mit Blick auf die Umsetzung der Nachhaltigkeitsagenda 2030 und das 45-jährige Jubiläum der VN-Frauenrechtskonvention CEDAW *(Convention on the Elimination of All Forms of Discrimination Against Women)* zeigt sich, wie wichtig der Einsatz für Frauenrechte nach wie vor ist.

Die VN-Frauenrechtskonvention CEDAW, das zentrale völkerrechtliche Menschenrechtsinstrument für Frauen, verpflichtet beispielsweise die Vertragsstaaten weltweit, Maßnahmen in allen Lebensbereichen zu ergreifen, damit Frauen und Mädchen ihre Menschenrechte ausüben können.[1]

---

1 Vgl. Bundesministerium für Familie, Senioren, Frauen und Jugend: VN-Frauenrechtskonvention (CEDAW): Staatenberichtsverfahren und Dokumente (2021), bmfsfj.de: https://is.gd/44nbIX. (Stand 26.06.2023).

Trotzdem erfahren auch heute Frauen und Mädchen, unabhängig von Religion oder Kultur, in jedem Land der Welt Diskriminierung oder Verletzung ihrer Rechte.[2] Es bleibt eine dauerhafte Aufgabe, Geschlechtergerechtigkeit in gesellschaftliche Realität umzusetzen.

Feministische Entwicklungspolitik und Frauenrechte weltweit

Deshalb war die Ankündigung von Bundesministerin Svenja Schulze die feministische Entwicklungspolitik zu einem ihrer Schwerpunkte zu machen so entscheidend. Die feministische Entwicklungspolitik des BMZ verfolgt in ihrer Strategie einen transformatorischen und intersektionalen Ansatz. Das heißt sie berücksichtigt dabei, insbesondere auch Diskriminierungen, die sich aufgrund einer mehrfachen Benachteiligung durch Geschlecht und anderen Diskriminierungsgründen, wie zum Beispiel ethnischer Herkunft, sexueller Orientierung, soziale Herkunft, Alter oder Behinderung, verstärken können.[3] Sie will die der Diskriminierung zugrunde liegenden Muster verändern und nicht nur ihr Vorkommen beschreiben.

Um Frauenrechte weltweit effektiv zu stärken, geht die feministische Entwicklungspolitik des BMZ deshalb den Ansatz der «3 R» (Rechte, Repräsentanz, Ressourcen) nach. Ziel ist es, die Rechte von Frauen und marginalisierten Bevölkerungsgruppen zu stärken und sie gleichberechtigt an Entscheidungen auf allen Ebenen zu beteiligen («Repräsentanz»). Darüber hinaus soll der Zugang zu und die Kontrolle über Ressourcen (wie zum Beispiel bei Land und Finanzsystemen) für alle Bevölkerungsgruppen sichergestellt werden.[4]

Konkret setzen wir im BMZ beim «R» für Rechte auf zwei Ansätze: Zum einen geht es darum, diskriminierende Gesetze abzubauen und zum anderen Rechte wie den Zugang zu Recht für Frauen und marginalisierte Gruppen zu stärken.[5] Insbesondere im Bereich der globalen Arbeitswelt sind eine Stärkung der sozialen Sicherung und faire Arbeitsbedingungen einschließlich existenzsichernder Löhne für Frauen elementar.

---

2 Vgl. United Nations Development Programme: Gender Inequality Index (GII) (2021), hdr.undp. org: https://is.gd/C9DS7P (Stand 26.06.2023).

3 Vgl. Bundesministerium für wirtschaftliche Zusammenarbeit und Entwicklung: Feministische Entwicklungspolitik. Für gerechte und starke Gesellschaften Weltweit (2023), S. 5, www.bmz. de: https://is.gd/3tehx9

4 Vgl. Bundesministerium für wirtschaftliche Zusammenarbeit und Entwicklung (2023), S. 16–17.

5 Vgl. Bundesministerium für wirtschaftliche Zusammenarbeit und Entwicklung (2023), S. 23.

Gute Arbeit und Frauenrechte weltweit

In Entwicklungsländern arbeiten Frauen häufig im informellen Sektor – und dies oft unter prekären Bedingungen – wie zum Beispiel im Textilsektor. Global betrachtet machen Frauen im Textilsektor 60 Prozent der Arbeitskräfte aus, in manchen Regionen bis zu 80 Prozent.[6] Wie notwendig hier Verbesserungen sind, zeigte die bisher schlimmste Katastrophe in der Textilindustrie, der Einsturz des Rana-Plaza-Gebäudes in Bangladesch am 24. April 2013. Der Großteil der über 1.100 verstorbenen Menschen waren Frauen.[7] In Folge der Katastrophe wurde klar: Wir brauchen Veränderungen – und zwar rechtlich verbindliche.

Ein erster grundlegender Schritt war dabei die Umsetzung des Abkommens für Feuerschutz und Gebäudesicherheit (Accord on Fire and Building Safety in Bangladesh), das vom BMZ unterstützt wurde. Dieses rechtlich verbindliche Abkommen sieht eine unabhängige Prüfung der Zulieferbetriebe auf deren Kosten vor. Seit der Einführung wurden bereits über 100.000 Mängel in mehr als 1.600 Fabriken behoben – ein gutes Beispiel dafür, wie wir durch verbindliche Abkommen die Menschenrechte von Arbeiterinnen und Arbeiter schützen können, auch im Globalen Süden.[8]

Damit die Kernarbeitsnormen der Internationalen Arbeitsorganisation (ILO) in der Textilbranche besser eingehalten werden,[9] fördert das BMZ gezielt den Dialog zwischen Arbeitgeberschaft und Arbeitnehmerinnen und –nehmern. So wurden allein in Bangladesch seit 2010 mehr als 380.000 Menschen auf Fach- und Managementebene durch Aufklärungskampagnen sowie Aus- und Fortbildungsangebote unterstützt. Auch berät das BMZ mit der ILO das bangladeschische Arbeitsministerium beim Ausbau der sozialen Absicherung. So wird im Rahmen eines Pilotprojekts erstmals in der Geschichte des Landes eine Unfallversicherung für den Textil- und Ledersektor aufgebaut.[10] Davon profitieren vor allem Frauen.

---

6   Vgl. International Labour Organization: How to achieve gender equality in global garment supply chains (2023), ilo.org: https://is.gd/D1ERmp (Stand 28.06.2023).

7   Vgl. Bundesministerium für wirtschaftliche Zusammenarbeit und Entwicklung: Entwicklungsministerin Schulze: «Rana Plaza war ein schrecklicher Weckruf für mehr unternehmerische Verantwortung» (2023), www.bmz.de: https://is.gd/2Mc6Jb (Stand 26.06.2023).

8   Ebd.

9   Siehe ausführlich: International Labour Organization: Erklärung der ILO über grundlegende Prinzipien und Rechte bei der Arbeit (1998), ilo.org: https://is.gd/ErLCYh.

10 Vgl. Bundesministerium für wirtschaftliche Zusammenarbeit und Entwicklung: Dialog mit den Partnerländern führen (2023), bmz.de: https://is.gd/xHcGve (Stand 04.07.2023).

Insgesamt basieren rund 80 Prozent des Welthandels auf globalen Wertschöpfungsketten, welche gleichzeitig die Existenzgrundlage für mehr als 450 Millionen Menschen bilden.[11] Um diese Menschen vor untragbaren Arbeits- und Umweltbedingungen zu schützen, ist eine rechtliche Absicherung notwendig. Dazu können wir auch in Deutschland und Europa unseren Beitrag leisten. Mit dem Lieferkettensorgfaltspflichtengesetz, das im Jahr 2023 in Deutschland in Kraft getreten ist, haben wir dank eines guten gemeinsamen Einsatzes von Politik, Zivilgesellschaft und Wissenschaft einen Meilenstein in diesem Bereich erreichen können. Die europäische Richtlinie führt diesen Ansatz fort und sorgt für weitere Verbesserungen.

Das ist richtig, denn wir brauchen eine Wirtschaft, die Verantwortung für Menschenrechte und Umwelt übernimmt. Dabei ist es von großer Bedeutung, speziell auf die Ausgangslage und Bedürfnisse von Frauen einzugehen. Global gesehen verdienen Frauen immer noch circa 20 Prozent weniger als Männer.[12] Diese Lohnungleichheit müssen wir beseitigen, das gilt für alle Länder auf der Welt – auch für Deutschland.

Denn eine wirtschaftliche Benachteiligung von Frauen verstößt nicht nur gegen ihre Grundrechte, sondern ist auch für die Gesellschaft als Ganzes ein Verlust. Das weltweite Bruttoinlandsprodukt würde um etwa 15 Prozent steigen, wenn Frauen gleichberechtigt am wirtschaftlichen Leben teilhaben könnten.[13] Insbesondere unbezahlte Care-Arbeit trägt häufig dazu bei, dass Frauen keinen Arbeitsplatz annehmen können oder frühzeitig die Schule verlassen müssen.

Wir wollen Frauen auf dem Arbeitsmarkt stärken. Deshalb engagiert sich das BMZ für eine explizit geschlechtergerechte Ausgestaltung globaler Lieferketten und ruft Unternehmen dazu auf, die UN-Grundsätze zur Stärkung der Frauen in Unternehmen in ihre Unternehmensstrategien zu integrieren.[14] Denn für gleichwertige Arbeit sollte es gleichen Lohn geben – überall.

Arbeitsplätze sollten grundsätzlich auch sichere Orte sein – für alle Geschlechter. Jedoch sind insbesondere Frauen häufiger sexueller Belästigung

11 Vgl. Bundesministerium für wirtschaftliche Zusammenarbeit und Entwicklung: Lieferketten (2023), bmz.de: https://is.gd/7PrueC (Stand 04.07.2023).

12 Vgl. International Labour Organization: Global Wage Report 2018/1: What lies behind gender pay gaps (2018), S. 23, ilo.org: https://is.gd/X4QWOp.

13 Vgl. Bundesministerium für wirtschaftliche Zusammenarbeit und Entwicklung: Wirtschaftliche Stärkung von Frauen: Gleichberechtigte Teilhabe am wirtschaftlichen Leben (2023), bmz. de: https://is.gd/VLTKwm (Stand 05.07.2023).

14 Vgl. ebd.

und Gewalt am Arbeitsplatz ausgesetzt.[15] Deutschland geht hiergegen im gemeinsamen Dialog mit den Partnerländern vor. Das BMZ unterstützt zum Beispiel das Ministerium für Arbeit und Soziales in Vietnam gezielt bei der Überarbeitung eines Verhaltenskodex zu sexueller Belästigung am Arbeitsplatz.[16]

Mit diesem Engagement tragen wir dazu bei, den Arbeitsalltag von vielen Menschen zu verbessern und menschenwürdigere Arbeitsbedingungen zu schaffen, insbesondere für Frauen. Die Stärkung guter Arbeit weltweit zählt für mich zu den zentralen Aufgaben einer sozialdemokratischen Politik. Gute Arbeit gewährleistet nicht nur den Lebensunterhalt, sondern trägt auch zur Verringerung von Ungleichheiten bei, fördert die Gleichstellung der Geschlechter und stärkt die Gesellschaft als Ganzes.

Bildung und Frauenrechte weltweit

Um effektiv Ungleichheiten in Gesellschaften zu verringern und die Gesellschaft als Ganzes zu stärken, ist Bildung ein fundamentaler Grundstein, auf den ein großer Teil unserer Arbeit aufbaut. Denn Bildung ist auch der Schlüssel zu besseren Arbeitsplätzen. Jedoch, obwohl die VN-Frauenrechtskonvention in Artikel 10 vorschreibt, dass die Vertragsstaaten alle geeigneten Maßnahmen zur Beseitigung der Diskriminierung von Frauen im Bildungsbereich treffen sollen,[17] stehen wir auch heute noch vor großen Herausforderungen und ungleichen Chancen.

Das zeigt sich in den Zahlen: Weltweit gibt es etwa 750 Millionen Jugendliche und Erwachsene, die nicht lesen und schreiben können. Davon sind fast zwei Drittel Frauen.[18] Dass weltweit mehr Jungen zur Schule gehen können als Mädchen und 130 Millionen Mädchen das Recht auf Bildung verwehrt wird,[19]

---

15 Vgl. International Labour Organization: Violence and harassment at work has affected more than one in five people (2022), ilo.org: https://is.gd/zYekIB (Stand 05.07.2023)

16 Vgl. Bundesministerium für wirtschaftliche Zusammenarbeit und Entwicklung: Dialog mit den Partnerländern führen (2023).

17 Vgl. United Nations General Assembly: Convention on the Elimination of All Forms of Discrimination against Women (1979), 34/180, ohchr.org: https://is.gd/3tyL2Q.

18 Vgl. United Nations Educational, Scientific and Cultural Organization: Noch immer mindestens 750 Millionen Analphabeten weltweit (2018), unesco.de: https://is.gd/4ewgPT (Stand 26.06.2023).

19 Vgl. Bundesministerium für wirtschaftliche Zusammenarbeit und Entwicklung: *Feministische Entwicklungspolitik. Für gerechte und starke Gesellschaften Weltweit* (2023), S. 4.

unterstreicht, dass eine gendertransformative Perspektive im Bildungsbereich unerlässlich ist.

Wie vielseitig die Herausforderungen hier sind, habe ich auch bei vielen Projektbesuchen in unseren Partnerländern gesehen. Es fehlen Lehrkräfte, Infrastruktur, Digitalisierungsmöglichkeiten, Stromzugang und auch die Folgen der Coronapandemie sind bis heute sichtbar. Während der COVID-19-bedingten Schulschließungen hatte ein Drittel der Schulkinder weltweit – 463 Millionen – keinen Zugang zu Fernunterricht.[20] Dazu kam, dass viele Mädchen oft mehr im Haushalt halfen als Jungen. Bei gestiegener Pflegelast in dieser Zeit bedeutete das vielerorts einen Abbruch der Schulbildung, um zu Hause zu helfen – und nach der Coronapandemie führte der Weg selten zurück in die Schule.

Auch in Konflikten, langandauernden Krisen und Notsituationen zeigt sich, dass Mädchen besonders gefährdet sind. Der globale Fonds der Vereinten Nationen für Bildung in Notfällen und langwierigen Krisen, Education Cannot Wait (ECW), stellte fest, dass weltweit 222 Millionen Kinder im Schulalter davon betroffen sind.[21] Mädchen sind dabei besonders gefährdet: Geflüchtete Mädchen schließen nur halb so häufig die Sekundarschule ab wie ihre männlichen Altersgenossen. Der ECW Fonds möchte deshalb in seinen Programmen zu 60 Prozent Mädchen erreichen.[22] Deutschland ist mit einem Beitrag von 210 Millionen Euro der größte Geber des Fonds, und es ist mir ein zentrales Anliegen, dass der Fonds sich mit speziellem Engagement gezielt für Mädchen und junge Frauen einsetzt.

Die feministische Entwicklungspolitik des BMZ stellt sich damit den Herausforderungen für Mädchen und Frauen im Bildungsbereich und liefert Lösungsansätze gegen Diskriminierung und Unterdrückung. Mit Alphabetisierungs- und Motivationskampagnen werden Frauen unterstützt, Grundbildung nachzuholen und sich zu qualifizieren.[23] Bildung kann hier aktiv schädlichen Geschlechternormen entgegenwirken und damit das Potenzial aller Menschen unabhängig von ihrem Geschlecht fördern. Denn Mädchen und Frauen

20 Vgl. United Nations International Children's Emergency Fund: Covid-19: Jedes dritte Schulkind hatte keinen Zugang zu Fernunterricht (2020), unicef.de: https://is.gd/PEBpIK.

21 Vgl. Education Cannot Wait: Global Estimates: Number of crisis-affected children and adolescents in need of education support (2022), educationcannotwait.org: https://is.gd/CmPUqx.

22 Vgl. Bundesministerium für wirtschaftliche Zusammenarbeit und Entwicklung: Millionen Chancen auf eine bessere Zukunft für Kinder in Not (2023), bmz.de: https://is.gd/f2FQB5.

23 Vgl. Bundesministerium für wirtschaftliche Zusammenarbeit und Entwicklung: Mädchen beim Zugang zu Bildung noch immer benachteiligt (2023), bmz.de: https://is.gd/Nh4pQu (Stand 05.07.2023)

sollten die gleichen Chancen auf eine hochwertige Bildung haben, um später ein selbstbestimmtes Leben führen zu können – diesen Gedanken setzen wir mit unseren Partnerländern gemeinsam um.

Frauenrechte weltweit und ihre Durchsetzung

Frauen brauchen jedoch nicht nur auf Papier die gleichen Rechte, sondern auch konkrete Möglichkeiten und Mechanismen, ihre Rechte kennenzulernen und durchzusetzen. Hierbei unterstützen wir unsere Partnerländer auf vielfältige Weise. In Sambia habe ich zum Beispiel engagierte Rechtsberaterinnen der sambischen Zivilgesellschaft getroffen, die niedrigschwellige Angebote insbesondere für Frauen schaffen, die sich keine Vertretung durch Anwälte leisten können und ihre Rechte oftmals auch nicht kennen.

Für mich ist klar: eine feministische Entwicklungspolitik ist menschenrechtsbasiert. Es geht nicht um eine «Politik von Frauen für Frauen», sondern um einen Ansatz, der auf Chancengleichheit und Gerechtigkeit abzielt. Denn auch 45 Jahre nach der Verabschiedung der VN-Frauenrechtskonvention bleibt noch genug zu tun. Die Gleichberechtigung der Geschlechter und die Stärkung von Frauenrechten sind die Voraussetzungen für eine nachhaltige und gerechte Entwicklung weltweit – und die ist ohne Frauen nicht möglich.

Selbstbewusste Frauen wie Lydia prüfen jede zweite Chance

Frauenrechte stärken
Die wirtschaftliche Unabhängigkeit

von Miria Kyakimwa, Uganda, MUWOFA

Frauen, die nicht in der Lage sind, ihre Rechte wahrzunehmen, sind immer sehr arm, werden sowohl zu Hause als auch in der Gesellschaft ausgebeutet. Die Ungleichheit und Ungerechtigkeit zwischen den Geschlechtern führt dazu, dass Frauen oft in befristeten und unsicheren, schlecht bezahlten Jobs landen und nur eine kleine Minderheit in höheren und leitenden Positionen ausmachen. Sie schränken den Zugang zu allen wichtigen Ressourcen, wie zum Beispiel zu Land, Wasser, landwirtschaftlichen Geräten und Krediten ein und zu der Gestaltung von Wirtschaft und Gesellschaft ein. Frauen tragen den größten Teil der Sorgearbeit. Sie müssen hart arbeiten, um ihre Familien zu versorgen.

Aus diesen Gründen müssen die Frauen unbedingt wirtschaftlich gestärkt werden. So können sie ihr Einkommen, ihre wirtschaftliche Tätigkeit und ihre Mitbeteiligung in den Dörfern verbessern. Mit der Stärkung der Rolle der Frau und ihrer gleichberechtigten Teilhabe gewinnen Frauen Kontrolle über ihre eigene Lebenssituation und ein Mitspracherecht in sozialen Fragen der Gemeinschaft.

Investitionen in das wirtschaftliche Empowerment von Frauen sind ein direkter Weg zur Emanzipation der Frauen und zur Gleichstellung der Geschlechter, zur Beseitigung der Armut und zu einem integrativen Wirtschaftswachstum. Es wird zunehmend anerkannt, dass die wirtschaftliche Stärkung von Frauen sowohl für die Verwirklichung der Frauenrechte als auch für die Erreichung breiterer Entwicklungsziele wie Wirtschaftswachstum, Armutsbekämpfung, Gesundheit, Bildung und Wohlfahrt von wesentlicher Bedeutung ist. Die MUWOFA wirkt daran mit in Partnerschaft mit dem Marie-Schlei-Verein.

Vor dem Projektbeginn war die Mehrheit der Frauen in Kinyamaseke sehr hoffnungslos und lebte ein Leben voller Elend. Die Rechte der Frauen wurden überhaupt nicht beachtet und respektiert. Die Frauen in dieser Gemeinschaft erlebten unterschiedliche Formen der Diskriminierung und negative Auswirkungen diskriminierender sozialer Normen und Praktiken. Den Frauen fehlte es an Kenntnissen und Fähigkeiten in der Landwirtschaft, sodass sie nur geringe oder gar keine landwirtschaftlichen Erträge erwirtschaften konnten. Die Frauen und ihre Familien ernährten sich vielfach nur von geröstetem Mais und tranken eine Tasse unsauberes Wasser am Tag. In der Gegend gab es keinen Zugang zu sauberem und sicherem Wasser, und die einzige verfügbare saubere und sichere Wasserquelle lag etwa 10 km entfernt. So waren die Frauen gezwungen, weite Strecken zu Fuß zurückzulegen, um Wasser zu holen, sodass es zu Streitigkeiten mit Männern führte.

Den Frauen fehlte es auch an Krediten und damit an Einkommensmöglichkeiten, sodass sie arbeitslos wurden.

Die Lage der MUWOFA-Frauen änderte sich erst, als ein neues Projekt zur wirtschaftlichen Selbstbestimmung mit dem Marie-Schlei-Verein begann. Die wirtschaftliche Selbstbestimmung von Frauen spiegelte sich in der Auszeichnung von MUWOFA-Bäuerinnen als vorbildliche Landwirtinnen wider. Damit wurde die harte Arbeit der Frauen belohnt. In der Gesellschaft sind die MUWOFA-Frauen wegen ihrer harten Arbeit anerkannt. Inzwischen verkaufen die Frauen ihre Produkte auf weiter entfernten Märkten, weil sie ihre Produkte mit Motorrädern befördern können und sie ein Spar- und Kreditsystem für Frauen ins Leben gerufen haben.

80 Bakonzo-Frauen und 300 weitere Landwirtinnen im Distrikt Kasese versprechen sich von dem Bau eines Gewächshauses, den weiteren Fortbildungskursen im Gemüseanbau und der Kompostierung weitere Erfolge und die wirtschaftliche Stärkung der Frauen.

MUWOFA sieht in der wirtschaftlichen Stärkung der Frauen eine Win-Win-Situation, in der die Armut verringert und die Produktivität und das Wirtschaftswachstum gesteigert werden. Auch die Anerkennung durch die Kommune und die Gemeinschaft hat aus armen, hilflosen und hoffnungslos gefährdeten Frauen mutige Mitglieder der Gemeinschaft gemacht.

Tilapia-Fisch ist gesund und begehrt

Stolz auf Bewässerung und Gemüse

von Mary Nazibaka, Uganda, KAWOTRAC

Hunderte von Frauen wurden in fünf unterschiedlichen Dörfern mit guten Bewässerungssystemen vertraut gemacht und bauten sie in Eigenarbeit nach. So gedieh die Gemüseproduktion mit Frauengruppen, die in der Region Kasese, Uganda für gesunde und ökologisch verträgliche Gemüseproduktion warben. Heute kaufen alle gerne Gemüse und halten den Verzehr von Gemüse für eine gleichwertige Ernährung. Mit der Frauenorganisation KAWOTRAC wurden Landfunksendungen, aber auch Schulungsveranstaltungen per Lautsprecherwagen organisiert. Neben ihren eigenen Gemüsefeldern baute KAWOTRAC ein sehr großes Gewächshaus auf, um besonders widerstandfähige Setzlinge zu züchten, die an die Mitglieder der Frauengruppe verteilt, aber auch auf Märkten und in Läden verkauft werden.

Mit den unterschiedlichen Projekten konnte KAWOTRAC zur wirtschaftlichen Teilhabe von Frauen an Wachstumsprozessen beitragen. KAWOTRAC setzt auf den gleichen Zugang von Frauen zur beruflichen Qualifizierung und Erwerbstätigkeit und die Stärkung der Gleichberechtigung von Frauen und Männern, die Wahrnehmung ihrer Rechte, die Verringerung der Armut, die Förderung der Gesundheitsfürsorge und die Erlangung hochwertiger Bildung und Wohlfahrt. KAWOTRAC setzt auf soziale Entwicklung, Landwirtschaft,

Bildung, Gesundheit, Wasser und Umwelt. Obwohl Frauen bis heute nicht gleichberechtigt sind, lassen sich die Mitglieder von KAWOTRAC auf ihrem Weg zur wirtschaftlichen Gleichberechtigung von Frauen nicht entmutigen. Die wirtschaftliche Befähigung von Frauen ermöglicht es ihnen, für die Gleichberechtigung der Geschlechter zu kämpfen, und ist die Nummer fünf der nachhaltigen Entwicklungsziele der Vereinten Nationen.

Mit der Unterstützung des Marie-Schlei-Vereins für das Kamuga Women's Training Centre (KAWOTRAC), das sich zum Ziel gesetzt hat, Frauen auf dem Lande Kenntnisse im Gemüseanbau zu vermitteln, haben mehr als 1100 Frauen Qualifizierungen im Gemüseanbau, in der Gemüselagerung und -vermarktung, in der Gemüsezubereitung und in gesünderer Ernährung erworben. Die Frauen sind sich ihrer Rechte bewusst.

Die wirtschaftliche Stärkung im Gemüseanbau hat dazu geführt, dass die Frauen ihr Haushaltseinkommen steigern konnten, um ihre Grundbedürfnisse wie Nahrung, Unterkunft und Kleidung für sich selbst, ihre Kinder und oft auch für ihre ganze Familie zu decken. Viele haben die Bedeutung von Land erkannt, was sie dazu veranlasst hat, Spargruppen zu gründen, um genug Geld für den Kauf eines eigenen Stücks Land für den Anbau zu bekommen.

Die wirtschaftliche Stärkung der KAWOTRAC-Mitglieder hat dazu geführt, dass andere Frauen die Bedeutung der Gruppenbildung erkannt haben. Es wurden mehr als 50 Frauengruppen gebildet, in denen die Frauen über ihre Rechte und Pflichten und Familienplanung sowie den Schutz ihrer Umwelt aufgeklärt wurden.

Das Empowerment der Frauen hat es ihnen ermöglicht, Zugang zu Land und anderen Ressourcen zu erhalten, diese zu nutzen und zu kontrollieren, um ihren Lebensstandard und den ihrer gesamten Familie zu verbessern. Die wirtschaftliche Stärkung hat die Fähigkeit der Frauen verbessert, gleichberechtigte Marktteilnehmerinnen zu werden. Ihre Sparsamkeit hat dazu geführt, dass ihre Geschäfte besser laufen und dass sie mehr investieren können.

Wirtschaftlich und finanziell gestärkte KAWOTRAC-Frauen haben ein Selbstwertgefühl entwickelt, weil sie sich ihrer Stärken und Fähigkeiten bewusst sind und selbst entscheiden können, ob sie heiraten oder nicht, ob sie das kaufen, was sie für sich und ihre Familien für angemessen halten, und ob sie das Recht haben, den sozialen Wandel für sich und andere zu beeinflussen, z. B. durch Familienplanung.

In Uganda und im übrigen Afrika sind über 70 % der Frauen in der Landwirtschaft selbstständig tätig. Wenn sie in den besten Anbaumethoden, Nacherntе- und Verarbeitungstechniken geschult werden, wird dies zu einer höheren Produktion und Produktivität führen, wie es bei den KAWOTRAC-

Frauen der Fall war, und dies wird eine rasche wirtschaftliche und soziale Entwicklung fördern und unterstützen. Wirtschaftliches Empowerment hat den KAWOTRAC-Frauen Selbstwertgefühl und soziales Ansehen verliehen und sie in die Lage versetzt, schädliche soziale Normen wie die Zwangsverheiratung von Mädchen und die Genitalverstümmelung von Frauen infrage zu stellen, die Frauen und Mädchen an ihrer Entwicklung hindern.

Wirtschaftliches Empowerment hat die Frauen stressfrei gemacht. Das hat die Frauen gesünder gemacht und viele unserer Frauen haben weniger Todesfälle bei Säuglingen und Müttern zu verzeichnen. KAWOTRAK-Frauen haben durch ihre ökonomischen Erfolge ihr Selbstwertgefühl gestärkt und einen sozialen Wert erhalten. Zivilgesellschaften und Regierungsvertreter haben begonnen, ihre Meinungen zu schätzen und zu berücksichtigen.

Für KAWOTRAC umfasst die wirtschaftliche Befähigung von Frauen die Fähigkeit, gleichberechtigte Marktteilnehmerinnen zu sein, den Zugang zu und die Kontrolle über produktive Ressourcen, den Zugang zu menschenwürdiger Arbeit, die Kontrolle über die eigene Zeit und eine stärkere Mitsprache, ihre Handlungsfähigkeit und sinnvolle Beteiligung an wirtschaftlichen Entscheidungen. Um die sozioökonomische Rückständigkeit zu überwinden und Wachstum und Wandel zu verwirklichen, müssen die Frauen in vollem Umfang an diesem Prozess teilhaben. Um diesen Prozess zu beschleunigen, müssen sich die Frauen qualifizieren, Fähigkeiten entwickeln und über die notwendigen Fertigkeiten verfügen.

Napoleon sagte: «Gebt mir gute Mütter, und ich werde euch eine gute Nation geben». Eine gute Nation besteht also darin, gute Mütter zu haben, und gute Mütter sind die wirtschaftlich und gesellschaftlich befähigten Frauen. Ohne die Beteiligung der Frauen kann es keine Entwicklung geben.

In Zentralamerika gedeiht das Obst prächtig

Lasst Frauen die Welt weiterentwickeln

von Maria Noichl

In den vergangenen 40 Jahren ist zwar das Bewusstsein für die besondere und oftmals besonders vulnerable Situation der Frauen in den unterschiedlichen Teilen der Welt gewachsen, doch wir stehen immer noch vor denselben Herausforderungen: Dazu gehören beispielsweise fehlende Finanzierungen und mangelnder politischer Wille, Strukturen nachhaltig zu verändern. Dabei müssen wir vor allem eines deutlich machen: Es sind Frauen, die die Welt weiterentwickeln. In der Stadt wie auf dem Land. Und es sind Frauen, die trotz widriger Umstände trotz geschlechtsspezifischer Gewalt, traditioneller Rollenerwartungen und systematischer Diskriminierung einen wichtigen Beitrag zum Schutz der Umwelt und zur Ernährungssicherheit leisten, indem sie sich ihre Familien und andere ernähren. Und das sowohl als Verdienerinnen von Einkommen als auch als Nahrungsmittelproduzentinnen. Bis zu 80 Prozent der Nahrungsmittel im Globalen Süden werden von Frauen erzeugt. Weltweit sind dabei circa 43 Prozent der Arbeitskräfte in der Landwirtschaft weiblich. Bemerkenswert ist, dass trotz des hohen Produzentinnenanteils weltweit nur 1/5 des Bodens Frauen gehört. Auch im Bereich der Pflege- und Betreuungs- sowie Hausarbeit überwiegt der Frauenanteil deutlich. 75 Prozent der unbezahlten Pflege- und Betreuungs- sowie Hausarbeit wird von Frauen übernommen. Dabei verrichten die Frauen in ländlichen Gebieten und Ländern mit niedrigem Einkommen 14 Stunden pro Tag unbezahlte Pflege- und Betreuungsarbeit. Trotz der überhöhten Arbeitsbelastung bleibt das Lohngefälle zwischen Männern und Frauen bestehen. Gründe dafür sind der fehlende Zugang zu finanziellen Ressourcen und zu ausgereifter Technik. Hätten Frauen denselben Zugang zu Know-how und Möglichkeiten, könnten ihre bisherigen Erträge um bis zu 20–30 Prozent steigen. Gleichzeitig ist die Beschäftigung von Frauen im informellen Sektor von immensem Ausmaß. Laut ILO (2018) beträgt der Anteil weiblicher Beschäftigter im informellen Sektor in den afrikanischen Ländern bis zu 90 Prozent. In der Region Asien-Pazifik liegt der Frauenanteil in diesem Bereich bei zwei Drittel.

All diese Zahlen sind bekannt. Und trotz ihrer Wichtigkeit, trotz ihres Einsatzes für alle sind Frauen und ihre Beiträge nach wie vor oft unsichtbar. Vor allem, wenn es sich um Frauen im ländlichen Raum handelt. Auch gerade deshalb haben wir ihnen in der letzten Legislaturperiode im Europäischen Parlament einen Bericht gewidmet: Entschließung des Europäischen Parlaments vom 4. April 2017 zu Frauen und ihren Rollen in ländlichen Gebieten. Darin machen wir deutlich, dass Frauen entscheidend zur ländlichen Wirtschaft beitragen und dass die Diversifizierungsmaßnahmen und das Konzept der Multifunktionalität als unabdingbare Grundlagen nachhaltiger Entwicklungsstrategien zwar noch nicht in allen Gebieten umfassend genutzt werden, aber trotzdem Frauen neue Chancen eröffnet haben, indem die Landwirtschaft durch Innovationen und neu geschaffene Konzepte eine neue Dynamik erfahren hat. Aber wir stellen auch fest, dass es zur Verbesserung der Lebensqualität im ländlichen Raum vor allem auch besserer Infrastruktureinrichtungen bedarf, zu denen beispielsweise Verkehrsverbindungen, der Zugang zu Hochgeschwindigkeitsbreitbandinternet, zu mobilen Datendiensten und zur Energieversorgung sowie zu hochwertige Sozial-, Gesundheits- und Bildungsdienstleistungen gehören. Auch in der EU muss hier noch einiges getan werden.

Eines der zehn Hauptziele der Gemeinsamen Agrarpolitik (GAP) in der EU ist die «Gleichstellung der Geschlechter, einschließlich der Beteiligung von Frauen an der Landwirtschaft». Für den Förderzeitraum 2023 bis 2027 soll sich auch die Umsetzung der GAP in den einzelnen Mitgliedstaaten daran orientieren. Bis dahin ist es jedoch noch ein weiter Weg: Finanzielle Förderprogramme innerhalb der GAP, sowohl für die Landwirtschaft direkt als auch für die Entwicklung ländlicher Räume, sind oft nicht auf die Bedürfnisse und Präferenzen von Frauen zugeschnitten. Deshalb müssen auch hier die Angebote niedrigschwelliger und individuell anpassbarer werden. Auch traditionelle Besitzverhältnisse mit dem Mann als Betriebsinhaber lassen Frauen unsichtbar werden, wenn es um die europäischen Agrarsubventionen geht. Frauen leisten wertvolle Arbeit, sind jedoch wirtschaftlich vollständig von den Männern abhängig. In Deutschland wurden laut Landwirtschaftszählung 2020 nur elf Prozent der Betriebe von Frauen geführt und es gibt nur achtzehn Prozent Hofnachfolgerinnen. Die EU-Kommission hat in ihrem Beobachtungsschreiben bezüglich des von Deutschland eingereichten Strategieplans ebenfalls angemerkt, dass der deutsche Plan Themen wie den «Einkommensunterschieden zwischen den Geschlechtern» oder «dem Geschlechtergefälle bei den Betriebsleiter:innen, insbesondere Junglandwirt:innen» stärker Rechnung tragen muss.

In vielen anderen Teilen der Welt geht es aber nach wie vor um noch viel mehr. Denn der mangelnde Zugang zu Land, Krediten, Technologien und Bildung hat einen hohen Preis, der von Armut, sozialer Ausgrenzung sowie Hunger und Mangelernährung bis hin zur Mütter- und Säuglingssterblichkeit reicht. Da es Belege dafür gibt, dass durch Investitionen in kleinbäuerliche Betriebe und regionale Strukturen die Armut am effizientesten bekämpft und das Wachstum am wirksamsten gefördert wird, müssen die Anstrengungen zur Steigerung des Einkommens von Frauen mit landwirtschaftlichen Kleinbetrieben verstärkt werden. Daher muss die EU eine angemessene Finanzierung und die gemeinsame Erarbeitung von Wissen und technischen Innovationen durch Forschung unter Leitung von Landwirt:innen sicherstellen, einschließlich der Unterstützung von Kleinerzeuger:innenorganisationen und Frauenverbänden und ihrer kollektiven Verarbeitungs- und Vermarktungstätigkeiten.

Dazu ist es wichtig, Gesellschaften insgesamt zu reformieren und alte Strukturen und Stereotype zu durchbrechen, die seit jeher Frauen benachteiligen. Dabei geht es um Essenzielles, wie das jeweilige Erbrecht, den uneingeschränkten Zugang zu Bildung, aber auch das Recht auf ein Leben frei von Gewalt. Auch wenn es um die Weiterentwicklung der Gesellschaft geht, brauchen Frauen ihren Platz am Diskussionstisch – sowohl in der Politik als auch in zivilgesellschaftlichen Prozessen. Denn nur durch das Einbringen aller Erfahrungen und des gesamten Wissens ist eine Anpassung an den Klimawandel und gleichzeitig seine Bekämpfung überhaupt möglich. Eine lebenswichtige Aufgabe für uns alle, welche nicht an alten Strukturen und

Ideen scheitern darf. Das alles verlangt neben innovativen Ansätzen auch den ganz klassischen Ansatz: nichts über uns, nichts ohne uns. Alles, das Frauen und Mädchen noch so viel mehr betreffen wird als Männer und es in vielen Regionen bereits tut, muss auch von ihnen diskutiert werden. So sind Frauen in vier von fünf Haushalten ohne Trinkwasserquelle für das Wasserholen verantwortlich. Bei unzureichender Infrastruktur kann die Beschaffung von Wasser für Frauen und Mädchen bis zu sechs Stunden pro Tag vereinnahmen. Viel Zeit, die für andere wichtige Tätigkeiten wie den Schulbesuch und Erwerbsarbeit fehlt. Und Wege werden weiter, mehr Zeit wird dafür benötigt, je mehr der Klimawandel voranschreitet und traditionell genutzte Brunnen und andere Wasserquellen versiegen. Zudem steigt das Risiko von geschlechtsspezifischer Gewalt, je weiter sich die Frauen und Mädchen dafür von ihren Dörfern wegbewegen müssen. Deshalb müssen gemeinschaftlich gender-sensible Lösungen erarbeitet werden, die eine lebenswerte Zukunft für alle garantieren können. Dabei muss auch ein spezieller Fokus auf Anbauarten gelegt werden, die sich nicht negativ auf das Klima und die Umwelt auswirken. Studien haben zudem gezeigt, dass es kraftvolle Vorbilder im direkten Umkreis braucht, damit sich solche Arten von Landwirtschaft nachhaltig durchsetzen. Es braucht also Fürsprecherinnen und Erfolge, damit ein tatsächlicher Wandel in Gang gesetzt werden kann. Und dafür braucht es Frauen: Deshalb machte der Weltagrarbericht 2021 zu Recht deutlich, dass Gleichberechtigung der Schlüssel zur Ernährungssicherheit ist.

Hunger und Mangelernährung sollten eigentlich schon lange der Vergangenheit angehören. Ihre Ausradierung wurde aber, befeuert durch die Krisen der letzten Jahre, wie Covid-19, dem Krieg gegen die Ukraine und die immer deutlicher spürbaren Effekte des Klimawandels in eine ungewisse Zukunft verschoben. Wir dürfen die Erreichung der UN-Nachhaltigkeitsziele, in diesem Zusammenhang allen voran der Ziele 1, 2 und 5, nicht auf die lange Bank schieben. Die Krisen und ihre Auswirkungen scheinen Erfolge auf diesen Gebieten in weite Ferne gerückt zu haben, aber von ihrer Erreichung hängen zahlreiche Frauen- und Mädchenleben ab.

Das alles ist nicht neu und wurde bereits vielfach diskutiert. Eine Frage aber bleibt: Wie können bei einer weltweit mittlerweile so präsenten Dringlichkeit Fakten geschafft werden? Frauen endlich den Platz einzuräumen, den sie verdienen? Und zwar als Akteurinnen, die eine lebenswerte Zukunft für uns alle schaffen? Wir kennen die Antwort, denn es ist dieselbe, die wir aus allen feministischen Kämpfen kennen, die wir bereits gekämpft haben. Beharrlichkeit. Beharrlichkeit beim Zugang zu Bildung, zu Finanzierungen, zu

Unterstützung. Beharrlichkeit beim Kampf gegen Stereotype und strukturelle Diskriminierung. Beharrlichkeit durch jede einzelne Frau, für alle.

Frauen dürfen nicht die Trümmerfrauen der Welt sein. Sie sind nicht per se besser als Männer und die Last, weltweit Hunger und Mangelernährung auf eine klimaschonende Art zu bekämpfen, liegt nicht in ihrer alleinigen Verantwortung, sondern in unser aller Hände. Aber wir müssen endlich dafür sorgen, dass Frauen alle Instrumente in der Hand halten, um aktiv und auf Augenhöhe unsere Zukunft zu gestalten zu können.

Die lateinamerikanischen Landfrauen in den Anden lachen gerne

Langfristig und pragmatisch
Für eine erfolgreiche feministische Entwicklungspolitik

von Aydan Özoguz

Wir alle sollten Feministinnen sein, fordert die nigerianische Schriftstellerin Chimamanda Ngozi Adichie in ihrem Essay «Mehr Feminismus!». Adichie bringt darin die Notwendigkeit auf den Punkt, dass sich alle Menschen gleichermaßen für eine gleichberechtigte Gesellschaft einsetzen sollten. Und eigentlich ist auch längst klar, von der Forschung dargelegt und in der Praxis erlebt: Wenn Frauen mitbestimmen und mitprofitieren, werden Gesellschaften gerechter, wirtschaftlich erfolgreicher und damit widerstandsfähiger (Eine Studie des McKinsey Global Institute zeigt, dass die globale Wirtschaft bei gleichgestellter Beteiligung von Frauen bis 2025 um 28 Billionen US-Dollar wachsen könnte[1]).

Darauf zielt auch die neue Strategie zur feministischen Entwicklungspolitik des Bundesministeriums für wirtschaftliche Zusammenarbeit und Entwicklung (BMZ) ab. Die feministische Entwicklungspolitik ist keine reine «Politik von Frauen für Frauen». Ziel ist vielmehr, dass ganze Gesellschaften

---

1 gender-and-development.de: https://is.gd/KrgpVK

von der Förderung von Frauen und anderen marginalisierten Gruppen profitieren. Die Logik dabei ist: Wenn wir Frauen Chancen geben, ihr Potenzial zu nutzen, können sie ihre Ideen zur Lösung gesellschaftlicher Probleme einbringen, durch Unternehmertum und Berufstätigkeit die Wirtschaft voranbringen und ihr Land insgesamt bei der Entwicklung unterstützen.

Die feministische Entwicklungspolitik orientiert sich an den sogenannten «3 R»:Dazu gehört der Zugang zu Ressourcen mit eigenen Verdienstmöglichkeiten und dem Erwerb von Eigentum. Auch Rechte – wie etwa das auf Bildung – sind für das «empowerment» von Frauen wichtig. Die Repräsentanz ist der dritte zentrale Faktor, also die Mitentscheidung auf allen gesellschaftlichen, politischen und wirtschaftlichen Ebenen. Denn es genügt nicht, Gleichberechtigung für alle im Gesetz zu verankern, wenn Frauen oder andere diskriminierte Gruppen dann doch keinen Zugang zu Bankkrediten oder Land haben.

Ein Beispiel, wie die wirtschaftliche Teilhabe von Frauen gefördert werden kann, ist die #eSkills4Girls-Initiative, die 2017 durch das BMZ ins Leben gerufen wurde. Sie soll Frauen und Mädchen dabei unterstützen, die Potenziale der digitalen Welt für sich zu nutzen. Insbesondere in ärmeren Ländern können Mädchen und Frauen ihre Einnahmen erhöhen, wenn sie das Internet für sich nutzen können. Frauen, die in der Landwirtschaft arbeiten, können sich mit digitalen Kompetenzen zum Beispiel über neue Anbaumethoden informieren. Online ist der Zugang zu Mikrokrediten möglich, selbst wenn die nächste Bank eine Tagesreise entfernt ist. Über die #eSkills4Girls-Initiative können Mädchen und Frauen auch Programmieren lernen. Allein zwischen 2017 und 2019 nahmen fast 30.000 von ihnen an Programmierworkshops in 17 afrikanischen Ländern teil.

«KambaniAkazi» – Mädchen und Frauen eine digitale Stimme geben» heißt ein anderes Projekt in Sambia. Frauen und Mädchen werden hier zu digitalen Kompetenzen geschult mit dem Ziel, dass sie sich produktiv in den politischen Diskurs einbringen und die Demokratie ihres Landes auf Dauer stärken können. Solche Initiativen sind wichtig, denn sie erlauben Frauen, sich Stück für Stück ihren Platz in der Gesellschaft zu erkämpfen – und diesen dann hoffentlich auch langfristig zu verteidigen.

Das Ziel der Langfristigkeit ist wichtig, denn klar ist: Obwohl wir auf viele Fortschritte in der Gleichstellung zurückblicken können, sind die Errungenschaften leider nie in Stein gemeißelt. Besonders dramatisch zeigen dies die Entwicklungen in Afghanistan. Die rund zwanzig Millionen Afghaninnen hatten in den letzten zwanzig Jahren während des deutschen Engagements vor Ort die Möglichkeit, sich zu bilden, zu arbeiten und frei ihre Meinung zu äußern. Ich durfte als Außenpolitikerin viele der beeindruckenden Frauen kennenlernen, die diese Möglichkeit nutzten, um sich einzumischen und sich mutig für ihr Land und ihre Gesellschaft einzusetzen – als Journalistinnen, Lehrerinnen, Unternehmerinnen und vieles mehr. Die Taliban-Junta setzte dem ein jähes Ende. Frauen wurden seit der Machtübernahme mit gesetzlichen Bildungs- und Arbeitsverboten belegt, die ihnen das Leben extrem schwer machen. Es gilt zudem ein strenges staatliches Verschleierungsgebot, bei dessen Verletzung heftige Strafen drohen.

Neben der Langfristigkeit ist in der feministischen Entwicklungspolitik auch ein gewisser Pragmatismus entscheidend. Als Forderungen laut wurden, all unsere Entwicklungsprojekte und sogar die humanitäre Hilfe für Afghanistan im Protest gegen das Taliban-Regime einzustellen, war es Entwicklungsministerin Svenja Schulze, die sich schnell und effektiv für einen klugen, frauenzentrierten Ansatz einsetzte.

Wir stellen die Hilfen nicht ein, denn im Not leidenden Afghanistan wären es gerade die Frauen und Kinder, die als Erste verhungern würden. Stattdessen arbeiten wir in Projekten, von denen nachweislich auch Frauen profitieren und an denen Frauen beteiligt sind. So können Frauen dank unserer Hilfen etwa weiterhin ihre Landwirtschaft betreiben und so für sich, ihre Familie und ihre Gemeinschaft sorgen. Die wirtschaftliche Grundlage ganzer Dörfer kann so gerettet werden. Wir arbeiten dabei nicht mit den Taliban zusammen und hören von den Frauen, dass sie weitestgehend in Ruhe gelassen werden.

Egal ob im Digitalprojekt in Sambia oder im kleinen Dorf am Hindukusch: Entscheidend für eine gute feministische Entwicklungspolitik ist, dass wir immer die konkrete Situation der Frauen vor Ort im Blick haben. Ziel deutscher Hilfe sollte immer sein, sie vor Grausamkeiten zu bewahren und ein möglichst unabhängiges Leben aufzubauen – innerhalb der von ihnen selbst angestrebten Familien- und Lebensstruktur.

Frauen organisieren sich in 3.000 Meter Höhe

von Sabine Quispe, Peru, AFAS

Empowerment ist von grundlegender Bedeutung, um eine nachhaltige, gerechte und integrative Entwicklung zu erreichen. Dadurch können Frauen finanzielle Unabhängigkeit erlangen und ihr wirtschaftliches Leben selbst in die Hand nehmen, was ihnen mehr Autonomie und fundierte Entscheidungen über ihre Zukunft und die ihrer Familien ermöglicht. Dies impliziert: Armutsbekämpfung, Wirtschaftswachstum, Gleichstellung der Geschlechter, Innovation, Kreativität und Menschenrechte.

Der Zusammenhang zwischen Frauen und Entwicklung. Die wirtschaftliche und soziale Entwicklung ist wirksamer und nachhaltiger, wenn die Frauen gleichberechtigt mit den Männern daran beteiligt sind. Die aktive Beteiligung von Frauen an der Entwicklung wirkt sich positiv auf das wirtschaftliche, soziale und politische Leben von Gemeinschaften und Ländern aus und führt zu einer gerechteren und integrativeren Gesellschaft.

Es gibt jedoch immer noch viele Hindernisse für das wirtschaftliche Unternehmertum von Frauen, wie z. B. den mangelnden Zugang zu Finanzmitteln, Ressourcen, Ausbildung und politischen Entscheidungen. Es ist wichtig, diese Hindernisse zu beseitigen und politische Maßnahmen und Programme zu fördern, die das wirtschaftliche Unternehmertum von Frauen unterstützen und ihnen die Möglichkeit geben, sich in den Bereichen Innovation und Technologie zu engagieren, eine gerechtere und integrativere wirtschaftliche Entwicklung zu erreichen und die Gesellschaft und ihre Umwelt positiv zu beeinflussen.

Die Asociación Femenina de Acción Social (AFAS), lokaler Partner (Peru) des Marie-Schlei-Vereins e.V arbeitet mit 48 ländlichen indigenen Frauengruppen in der Andenregion in Puno/Peru, bildet sie aus und investiert in nachhaltige Landwirtschaft.

Projektaktivitäten wie der Anbau von Andenprodukten und die Produktion von Gemüse in Gewächshäusern waren eine erfolgreiche Initiative zur wirtschaftlichen Stärkung der Frauen in diesem Gebiet. Dank dieser Initiative verbessern die Frauen die wirtschaftliche Situation ihrer Familien und ihre Lebensqualität. Außerdem hat das Projekt dazu beigetragen, die Kluft zwischen den Geschlechtern in der Region zu verringern, indem es den Frauen Zugang zu Werkzeugen und Ressourcen verschafft hat, mit denen sie die Qualität und Quantität ihrer Produktion verbessern können. Darüber hinaus hat das Projekt die aktive Beteiligung von Frauen in allen Phasen des Produktionsprozesses gefördert. Frauen spielen eine grundlegende Rolle in der Familienwirtschaft, insbesondere in der Landwirtschaft. In der Vergangenheit waren sie jedoch mit Hindernissen beim Zugang zu Ressourcen und wirtschaftlichen Möglichkeiten sowie bei der Entscheidungsfindung und Anerkennung ihrer Arbeit konfrontiert.

Ihre Tätigkeit ist aus mehreren Gründen von entscheidender Bedeutung: 1. Das wirtschaftliche Unternehmertum von Frauen in der Landwirtschaft hat sich positiv auf die Verringerung der Armut und die Erhöhung der Ernährungssicherheit ausgewirkt, da Frauen eine Kraft und ein Motor für die Schaffung von Einkommen für ihre Haushalte und Gemeinschaften sind. Zunehmend wurden sie wirtschaftlich selbstbestimmt und erlangten Kontrolle über ihr Leben. Außerdem wird die Ernährungssicherheit auf lokaler Ebene verbessert und die Abhängigkeit von Lebensmittelimporten verringert, was ebenfalls den Gemeinschaften zugutekommt. 2. Das wirtschaftliche Unternehmertum von Frauen in der Landwirtschaft und im Gartenbau hat die Ungleichheit zwischen den Geschlechtern in diesem Sektor verringert. Frauen stoßen beim Zugang zu Ressourcen wie Land, Krediten und Technologie häufig auf Hindernisse, was ihre Möglichkeiten zur Entwicklung rentabler landwirtschaftlicher Tätigkeiten einschränkt. Durch die Förderung des wirtschaftlichen Unternehmertums von Frauen in diesen Projekten werden diese Hindernisse überwunden und mehr Chancengleichheit für Frauen in der Landwirtschaft geschaffen. 3. Wirtschaftliches Unternehmertum von Frauen in Projekten wie dem Gemüseanbau in Gewächshäusern fördert die Innovation und die ökologische Nachhaltigkeit. Der Gewächshausanbau optimiert die Wassernutzung und erhöht die Effizienz der Betriebsmittel und ist ökologisch positiv. Diese Entwicklung ist positiv, weil sie ein inklusives und nachhaltiges Wirtschaftswachstum fördert.

Es ist inzwischen anerkannt, dass die wirtschaftliche und soziale Entwicklung wirksamer und nachhaltiger ist, wenn die Frauen gleichberechtigt mit den Männern einbezogen werden. Die aktive Beteiligung von Frauen an der Entwicklung wirkt sich positiv auf das wirtschaftliche, soziale und politische Leben von Gemeinschaften und Ländern aus. Die Gleichstellung der Geschlechter und die Förderung der Rechte der Frauen sind von grundlegender Bedeutung für eine nachhaltige Entwicklung und den Aufbau einer gerechteren und integrativeren Gesellschaft. Das wirtschaftliche Empowerment der Frauen ist von wichtiger Bedeutung. Durch unternehmerische Betätigung erlangen Frauen finanzielle Unabhängigkeit und übernehmen die Kontrolle über ihr wirtschaftliches Leben, gibt ihnen mehr Autonomie, sodass sie fundierte Entscheidungen über ihre Zukunft und die ihrer Familien treffen können. Sie leisten einen wesentlichen Beitrag zum Wirtschaftswachstum des Landes. Daher wird wirtschaftliches Unternehmertum zu einem wichtigen Instrument zur Verringerung der Armut, zur Verbesserung der Lebensqualität von Frauen und ihren Familien und leistet wesentlich zum Wirtschaftswachstum des Landes. Unternehmerinnen schaffen Arbeitsplätze und generieren Einkommen. Damit werden die Wirtschaftsleistungen erhöht und die Wettbewerbsfähigkeit des Landes verbessert. Dieser neue Ansatz für Ideen und Perspektiven führt zu Innovation und Kreativität bei der Entwicklung neuer Produkte und Dienstleistungen mit Mehrwert.

Feministische Entwicklungspolitik

von Prof. Dr. h. c. Christa Randzio-Plath

Eine nachhaltige Entwicklung ist dringender, denn je – aus ökologischer, ökonomischer und sozialer Perspektive. Die Weltgemeinschaft verfehlt bis heute die erforderlichen Reformziele zur Umsetzung der Reformziele. Die UN-Agenda, die 2030 weltweit verwirklicht sein soll, um die Menschheit und den Planeten Erde zu retten, braucht selbst einen Rettungsplan. Für die Mehrheit der Menschheit rufen die UN den Notstand aus. Die Bestandsaufnahme zu Fortschritten bei der Gleichstellung von Frau und Mann offenbart, dass nur in acht UN-Staaten die Gleichstellung der Frau offensiv gefördert und praktiziert wird. Praktizierte Gleichstellung findet sich nur in zehn Prozent der UN-Staaten, in denen nicht einmal zehn Prozent der Weltbevölkerung leben. Kann eine feministische Außen- und Entwicklungspolitik aus diesem Tal der gleichstellungspolitischen Misserfolge herausführen?

Die aktuelle Lage weltweit ist bedrückend. Alle UN-Berichte und die sie stützenden wissenschaftlichen Untersuchungen in Zusammenarbeit mit UN Women warnen, weil das Verhältnis zwischen Staat und Gesellschaft nicht belastbarer oder gerechter geworden ist. Es geht um Rechte und den Schutz, den kollektiven und individuellen Schutz von Frauen. Es geht um den Zugang zu Ressourcen wie Land, technischem Know-how sowie die Versorgung z. B.

mit öffentlichen Dienstleistungen, zu sozialer Sicherheit und wirtschaftlichen Chancen, aber auch um politische und gesellschaftliche Repräsentation und Partizipation von Frauen im Vergleich zu Männern. Gerade die Covid-19-Pandemie hat die vielfach hoffnungslose Lage der Frauen verdeutlicht. Auch die Kriege in der Ukraine und Russland sowie in Nahost bringen gleichstellungspolitische Rückschritte, weil Ressourcen für Entwicklung und Solidarität fehlen.

Wie in der 3-R-Methode in der feministischen Beurteilung von Politiken und Fortschritten (Rights, Ressources, Representation) wird damit unterstrichen, dass selbst «willige» Staaten häufig ihren Pflichten nicht nachkommen, sodass es fraglich ist, ob eine Zielerreichung überhaupt erwünscht ist. Die Nach-Covid-19-Zeit hat verdeutlicht, wie häufig fehlende Ressourcen die Partizipation von Frauen unmöglich gemacht und Machtgleichgewichte wieder stärker zugunsten der Männer verschoben haben. Schul- oder Kindergartenschließungen, aber auch Ernährungs-, Klima-und Umweltkatastrophen wurden auf dem Rücken der Frauen im Globalen Süden ausgetragen und haben einseitig zu höheren Arbeitsbelastungen von Frauen geführt. Ihre im Vergleich zu Männern weitaus höheren Belastungen durch vermehrt prekäre Beschäftigungsverhältnisse und Sorgearbeit verhindern transformativen gesellschaftlichen Wandel. Vier der fünf neu geschaffenen Arbeitsplätze im informellen Sektor besetzen Frauen.

Aus Ohnmacht, Beherrschung und Macht zu Strategien zu mehr gleichberechtigtem und diskriminierungsfreiem Miteinander in der Gesellschaft denken und führen. Das steht hinter den feministischen Strategien. Das economic empowerment von Frauen ist nicht nur eine Voraussetzung für nachhaltige Entwicklung. Die wirtschaftliche Stärkung der Frauen ist ein Menschenrecht und ist Ausdruck von gleichen Gesellschaften. Außerdem nützt das economic empowerment der Frauen in der Landwirtschaft mit verstärktem Output- wie die Welternährungsorganisation FAO urteilt. Transformationsprozesse, die zum economic empowerment» von Frauen beitragen, bereichern Gesellschaft und Wirtschaft. Sie fördern die Gleichstellung von Frau und Mann und die ökonomische Entwicklung, wenn Frauen gleichen Zugang zur ökonomischen und gesellschaftlichen Integration und produktiven Ressourcen haben. Der Teufelskreis muss durchbrochen werden: Noch heute wird eine Frau, die arm geboren wird, in der Regel auch arm sterben. Sie läuft immer wieder Gefahr, die Schule abzubrechen, weil es an Geld fehlt oder sie weniger Bildungschancen zu erhält, aber früh zu gebären und Risikoschwangerschaften und – Geburten durchzumachen. Arme Frauen werden keine gleichberechtigten

Marktteilnehmerinnen, die ihr eigenes Zeitmanagement und Einfluss auf mehr menschenwürdige Arbeit in ihrem Interesse haben.

Es ist richtig, dass economic empowerment nach allen Untersuchungen von UN Women, OECD und Weltbank nicht nur der Wirtschaft, sondern auch dem Wohlergehen der Bevölkerung dient. Hinzukommen weiche Faktoren, weil der gestiegene Bildungsstand der Frauen Wirtschaft und Gesellschaft nützt wie auch die gesellschaftliche Partizipation der Frauen. Nicht zu vernachlässigen ist die wichtige Funktion der Frauen auf den Arbeitsmärkten im Globalen Süden. Lange schon sind sie ein wichtiger Wirtschaftsfaktor, der in vielen Staaten über die direkten Wohlstandsgewinne in einer Region auf möglichst viele Provinzen ausgeweitet werden. Der europäische Weg von regulierten Lieferketten zu menschenwürdigen Lieferbedingungen wie z. B. in Bangladesch ist eine wichtige erste, wenn auch keine zufriedenstellende Antwort auf Herausforderungen von women economic empowerment in transnationalen Lieferketten. Frauen drängen aus der informellen Arbeitswelt auf Arbeitsmärkte mit Regeln und sozialer Sicherheit.

Das Economic Empowerment hat Auswirkungen auf Wirtschaft und Gesellschaft, aber auch auf Umwelt und Entwicklung in den Ländern des Globalen Südens. Deswegen setzen und setzten der Marie-Schlei-Verein und die Partnerinnen in den über 1000 Projekten in Afrika, Asien und Lateinamerika auf das women economic empowerment in den 40 Jahre weltweiten Entwicklungszusammenarbeit in Mauretanien, im Senegal, in Togo, in Malawi und Uganda, aber auch auf den Philippinen, in Nepal, auf Sri Lanka, in Peru, in Bolivien, in dem früheren Nicaragua, in El Salvador und Chile. Ziele wie Gender empowerment und das Verbot jeglicher Diskriminierung sind wie tibetanische Gebetsmühlen, die viele Gesellschaften über sich ergehen lassen und nicht dazu beitragen, das Anti-Diskriminierungsgebot durchzusetzen. Frauen erleben täglich Diskriminierung in Gesellschaft, Wirtschaft und Arbeitswelt. Keine Frau ist gegen Diskriminierung gefeit und keine Frau kann sich sicher sein, einer Diskriminierung zu entgehen. Dabei ist die UN-Konvention gegen jegliche Diskriminierung der Frau bereits 50 Jahre alt. Alle Menschen – so die UN-Menschenrechtskonvention von 1948 – sind «gleich an Rechten und an Würde».

Feministische Politik braucht nicht nur Vorbilder, sondern Partnerinnen, die sich vor Ort, aber auch mit Partnerinnen aus dem globalen Norden vernetzen können, um die ökonomische Stärkung der Frauen zu fordern und durchzusetzen. Die Schwierigkeiten kennen alle, aber die Frauen vor Ort müssen sie lösen. Feministische Entwicklungszusammenarbeit darf nicht ein

Lippenbekenntnis bleiben. Diese Politik wurde auf EU-Ebene glaubwürdig durch ein politisches Signal der Europäischen Union: 85 % der neuen Entwicklungsmilliarden waren in der jetzigen EU-Wahlperiode ab sofort nur für frauenrelevante Projekte bestimmt. Einen ähnlichen Weg will das deutsche Entwicklungsministerium gehen.

Frauen aus dem Globalen Süden wie im Norden wollen volle und gleichberechtigte Partizipation. Schließlich wollen alle gut leben, die Gleichstellung und die vollen Menschenrechte. Bereits 1970 forderte die feministische Ökonomin Esther Boserup in ihrer Untersuchung für die UN, Geschlechterungleichheit als negativen Faktor für Entwicklung zu betrachten. Die gleichberechtigte Partizipation der Frauen wird als positiver Entwicklungsfaktor und als Entwicklungsfortschritt gesehen, vor allem wegen der wichtigen Rolle der Frau bei der Entwicklung von Humankapital und bei Fertilitätsentscheidungen. Insofern muss das economic empowerment der Frauen als Instrument für Entwicklung, aber auch als Konsequenz aus den wirtschaftlichen Fehleinschätzungen über die Rolle und Bedeutung der Frau aufgenommen werden. Das Experiment einer Entwicklung von unten durch die Grameen-Bank in Bangladesch mit dem Friedensnobelpreisträger 2006 Muhammet Yunus war ein Durchbruch für die Erkenntnis, dass Frauen mithilfe von Mikrokrediten zu fairen Bedingungen erfolgreiche Marktteilnehmerinnen werden und wichtige Wirtschaftsakteurinnen sein können.

Frauen bleiben auch 2023 mit 340 Millionen Frauen, die 2030 in absoluter Armut leben werden, weltweit die ärmste Bevölkerungsschicht und sind stärker benachteiligt als Männer. Die Transformation der Gesellschaft in Richtung nachhaltige und gleichberechtigte Entwicklung stagniert oder ist rückläufig. Diese bittere Erkenntnis teilt der neue Bericht von UN-Women im Rahmen von The Gender Snapshot 2023 den Mitgliedstaaten der Vereinten Nationen mit. Es bedarf nicht nur einer Zeitenwende, sondern revolutionärer Schritte, um Menschen, Klima und den Planeten Erde zu retten. Nur 15 % der Staaten befinden sich auf dem Weg, die Nachhaltigkeitsziele zu erreichen. UN-Generalsekretär Gutierrez fordert eine Umkehr der Weltgemeinschaft und einen Rettungsplan für die Milleniumziele, auf die sich alle UN-Staaten erneut verpflichtet haben.

Es bleibt ein Skandal, dass 54 % der Staaten nicht einmal die rechtliche Gleichstellung von Frau und Mann durchgesetzt haben. Das hängt auch damit zusammen, dass weltweit nur 10 % der Regierungsmacht, 26,7 % der Abgeordnetensitze in Frauenhand und 35,5 % der Kommunalpolitiker Frauen sind. Auch in der Wirtschaft bleibt der Frauenanteil in Entscheidungsfunktionen bei 28,2 %. Ziel 5 der UN-Nachhaltigkeitsagenda hat unerreichbar großen Handlungsbedarf, um bis 2030 die Ziellinie zu erreichen. Versprechen der Weltgemeinschaft für die Zukunft können konkrete Handlungsfortschritte nicht ersetzen.

Gleiche Rechte für Frauen müssen durchgesetzt werden. Sie werden bereits in der UN-Charta und in der Allgemeinen Menschenrechtserklärung der Vereinten Nationen beschworen. Das war in der Nachkriegsgesellschaft nach 1945. Heute haben sich die machtpolitische Weltkarte und etwaige wichtige Allianzen innerhalb der Weltgesellschaft und Weltpolitik geändert. Das entbindet die Weltgesellschaft nicht von ihrer Verantwortung, das Thema Gleichstellung von Frau und Mann zu vernachlässigen. Dennoch versagt die Völkergemeinschaft immer wieder in allen Prozessen, die zu mehr an Frauenrechten und zu mehr Umsetzung von Frauenrechten führen sollen. Auch wenn die Völkergemeinschaft auf das immer wiederkehrende Versagen stöhnend und bedauernd zeigt: Jeder UN-Mitgliedstaat trägt dafür die Verantwortung. Zu Recht begehren afrikanische Frauen immer wieder auf und sagen «keiner schiebt uns weg».

Women Economic Empowerment beschränkt sich nicht auf feministische Ökonomie, weil sie mehr will. Während feministische Ökonomie vereinfacht formuliert, sich mit allen Prozessen befasst, die zu einem Reproduktionsnetz des Lebens dazu gehören und das Wohlergehen der Menschen wie die Sorgearbeit als Priorität für Wirtschafts- und Arbeitswelt sehen, wollen Frauen aus dem Globalen Süden wie im Norden volle und gleichberechtigte Partizipation überall in der Wirtschaft. Schließlich wollen alle die Gleichstellung und die vollen Menschenrechte.

Frauen bleiben auch 2023 mit 340 Millionen Frauen, die 2030 in absoluter Armut leben werden, weltweit die ärmste Bevölkerungsschicht, stärker benachteiligt als Männer. Die Transformation der Gesellschaft in Richtung nachhaltige und gleichberechtigte Entwicklung stagniert oder ist rückläufig. Diese bittere Erkenntnis teilt der neue Bericht von UN-Women im Rahmen des The Gender Snapshot 2023, den Vereinten Nationen mit. Es bedarf nicht nur einer Zeitenwende, sondern revolutionärer Schritte, um Menschen, Klima und den Planeten Erde zu retten. Nur 15 % der Staaten befinden sich auf dem Weg, die Nachhaltigkeitsziele zu erreichen. UN-Generalsekretär Gutierrez fordert eine Umkehr der Weltgemeinschaft und einen Rettungsplan für die Milleniumsziele, auf die sich alle UN-Staaten 2023 erneut verpflichtet haben.

Es bleibt ein Skandal, dass 54 % der Staaten nicht einmal die rechtliche Gleichstellung von Frau und Mann durchgesetzt haben. Das hängt auch damit zusammen, dass weltweit nur 10 % der Regierungsmacht, 26,7 % der Abgeordnetensitze in Frauenhand und 35,5 % der regierenden Kommunalpolitiker Frauen sind. Auch in der Wirtschaft bleibt der Frauenanteil in Entscheidungsfunktionen bei 28,2 %. Ziel 5 der UN-Nachhaltigkeitsagenda hat unerreichbar großen Handlungsbedarf, um bis 2030 die Ziellinie zu erreichen. Versprechen der Weltgemeinschaft für die Zukunft können konkrete Handlungsfortschritte nicht ersetzen.

Menschenrechte für Frauen. Ob im Iran, in Nicaragua, Afghanistan, in Kolumbien oder Äthiopien sind Frauenmenschenrechtsverletzungen besonders schwerwiegend. Dabei werden Frauenmenschenrechte bereits in der UN-Charta und in der Allgemeinen Menschenrechtserklärung der Vereinten Nationen beschworen. Dennoch versagt die Völkergemeinschaft immer wieder in allen Prozessen, die zu mehr an Frauenrechten und zu mehr Umsetzung von Frauenrechten führen sollen. Auch wenn die Völkergemeinschaft auf das immer wiederkehrende Versagen stöhnend und bedauernd zeigt: Jeder UN-Mitgliedstaat trägt dafür die Verantwortung. Zu Recht begehren afrikanische Frauen immer wieder auf und sagen «keiner schiebt uns weg». Darüber hinaus fehlt es an der Verbindlichkeit von Beschlüssen als Antwort auf die globalen Krisen bis heute gibt es kein Erfolgsrezept, wie das Economic empowerment der Frauen soziale Wirklichkeit weltweit werden kann. Kredite an Frauen, nicht an Männer vergeben, war ein langjähriges Erfolgsrezept für internationale Konferenzen, für Regierungen und Konferenzen. Mit diesem Konzept konnte überzeugt werden. Leider nur für kurze Zeit. Schließlich brauchen selbst Projekte nicht nur günstige und umsetzbare Konzepte, sondern auch institutionelle Akteure und die Zivilgesellschaft – und eine angemessene und nachhaltige Entwicklungsfinanzierung. Mit einer verbesserten Finanzierung der Nachhaltigkeitsagenda und einer Priorisierung der Finanzmittel aus Gendersicht könnte ein Anfang gemacht werden.

Entwicklungsfortschritte zugunsten von Frauen könnten besser erreicht werden, wenn Frauen mehr Entscheidungsmacht, bessere institutionelle Rahmenbedingungen und mehr Finanzmittel einsetzen könnten. Entwicklungszusammenarbeit bleibt eine wichtige Krücke, ist aber keine Lösung für ein gleichberechtigtes Miteinander in Umsetzung der UN-Agenda für nachhaltige Entwicklung. Frauen im Globalen Süden sind der Schlüssel für eine positive wirtschaftliche und friedliche Entwicklung der Weltgesellschaft. Gender- Empowert-Politiken brauchen wie die Weltfinanzierung von Entwicklungszusammenarbeit ein qualitatives und quantitatives Mehr an Finanzen. Eine qualitative und quantitative Steigerung der Weltfinanzen zugunsten globaler Zusammenarbeit und Entwicklung im Globalen Süden war nicht vorgesehen. Nicht einmal die UN-Agenda 2030 hat sich auf mehr als vage Versprechen hinreißen lassen. Sicherlich sind die internationalen Konstellationen für die Nord-Süd-Zusammenarbeit schwieriger geworden. Sie bleibt ohne Alternative. Gebraucht wird das Engagement aller, aber zumindest eines großen Teils der UN-Mitgliedstaaten. Europa muss sich auch wegen seiner kolonialen Vergangenheit stärker engagieren als andere. Das muss endlich sichtbar werden.

Nepalesische Blumenzüchterinnen schnüren ihre Blumenbunde für den Tempel

Diskriminierung überwinden durch wirtschaftliche Teilhabe

von Carlita Isabel Jaramillo, Ecudaor, ATASIM

Frauen sind wichtige Wirtschaftsakteure und ihr Beitrag zum Wirtschaftswachstum ist von grundlegender Bedeutung für die Entwicklung einer gerechten und gleichberechtigten Gesellschaft. Im Leben der indigenen und bäuerlichen Frauen in der Amazonasregion Ecuadors ist die fehlende wirtschaftliche Teilhabe ein großes Hindernis für ihre soziale und persönliche Entwicklung. Die geringe Beteiligung von Frauen am Arbeitsmarkt ist eine Folge der kulturell bedingten geschlechtlichen Arbeitsteilung. Von den Frauen wird erwartet, dass sie sich der Hausarbeit und der Pflege der Familie widmen. Diese unbezahlte Tätigkeit verringert zwangsläufig Zeit und Einkommen, die den Frauen zur Verfügung stehen. Eine stärkere Beteiligung am Arbeitsmarkt und eine bessere Entlohnung ihrer Arbeit würde es ihnen ermöglichen, ihre wirtschaftliche Unabhängigkeit zu erhöhen und ihre Lebensqualität zu verbessern.

Der fehlende Zugang zu Bildung und Ressourcen ist ein weiteres wichtiges Hindernis für die wirtschaftliche Entwicklung von Frauen im ecuadorianischen Amazonasgebiet. Sie haben weniger Chancen als Männer, einen Zugang zu Bildung zu erhalten und können daher die für den Arbeitsmarkt erforderlichen Fähigkeiten und Kenntnisse nicht erwerben. Darüber hinaus haben sie kaum Zugang zu Krediten und verfügen über nur wenige Ressourcen, was ihre Möglichkeiten einschränkt, ein eigenes Unternehmen zu gründen und zu entwickeln.

Die Ungleichheit der Geschlechter ist eine Herausforderung. Diskriminierung und geschlechtsspezifische Gewalt halten sich in der Region hartnäckig und stellen ein großes Hindernis für die wirtschaftliche Selbstbestimmung von Frauen dar. Geschlechtsspezifische Gewalt hat direkte Auswirkungen auf die Gesundheit und das Wohlbefinden von Frauen und schränkt ihre Fähigkeiten zur Teilnahme am wirtschaftlichen und sozialen Leben ein. Um diese Hindernisse zu überwinden, muss auf verschiedenen Ebenen angesetzt werden, u.a. in der öffentlichen Politik, in Bildungsprogrammen und bei der Förderung der Gleichstellung der Geschlechter und der Achtung der Rechte der Frauen.

Gründe, warum die wirtschaftliche Qualifizierung von Frauen für die lokale Entwicklung wichtig ist: Sie fördert die wirtschaftliche Autonomie der Frauen: Die wirtschaftliche Qualifizierung ermöglicht es den Frauen, ein eigenes Unternehmen zu gründen und ein eigenes Einkommen zu erwirtschaften, wodurch sie unabhängiger werden und selbst über ihr Leben und ihre Zukunft entscheiden können.

Förderung der nachhaltigen Entwicklung der Region: Ausgebildete Frauen können zur nachhaltigen Entwicklung der Region beitragen, da sie sich an Projekten beteiligen können, die die Lebensqualität der Gemeinschaft verbessern sollen, z.B. nachhaltige Landwirtschaft oder Ökotourismus.

Stärkung der lokalen Wirtschaft: Ausgebildete Frauen können Arbeitsplätze schaffen und zur wirtschaftlichen Entwicklung der Region beitragen, was sich wiederum positiv auf andere Sektoren der lokalen Wirtschaft auswirken kann.

Förderung der Gleichstellung der Geschlechter: Die wirtschaftliche Ausbildung von Frauen im ecuadorianischen Amazonasgebiet ist für die Förderung der Gleichstellung der Geschlechter in der Region und für die Bekämpfung von Diskriminierung und geschlechtsspezifischer Gewalt von entscheidender Bedeutung. Frauen leisten einen Beitrag zur Erhaltung des kulturellen Erbes: Ausgebildete Frauen können mit dem ökonomischen Empowerment zur Erhaltung des kulturellen Erbes der Region beitragen, da sie an Projekten teilnehmen können, die die Erhaltung der Traditionen und der Kultur der Gemeinschaft fördern.

Women's Economic Empowerment
Eine zivilgesellschaftliche Perspektive

von Martina Schaub

Es ist heute kein Geheimnis mehr, dass Hunger und Armut nicht ohne die Berücksichtigung und die Beteiligung von Frauen überwunden werden können. Ebenso ist unbestreitbar, dass das ökonomische Empowerment von Frauen weltweit eine große Aufgabe ist und bleibt. Noch immer arbeiten Frauen besonders häufig im informellen Sektor, verfügen oft nur über geringe soziale Absicherung, sind oft ausbeuterischen Arbeitsverhältnissen ausgesetzt und verdienen meist weniger als Männer. Der Ansatz des *Women's Economic Empowerment,* der auf die Ausbildung, die Verbesserung der ökonomischen Perspektive und die finanzielle Selbstständigkeit von Frauen und Mädchen abzielt, wendet sich gegen dieses Unrecht. Dabei wird oft weit mehr erreicht als nur die Stärkung der wirtschaftlichen Position von Frauen: So investieren Frauen ihr Einkommen häufiger in die Gesundheitsversorgung und Bildung ihrer Kinder.

Diese Perspektive war nicht immer so verbreitet. Der Marie-Schlei-Verein war nach seiner Gründung 1984 die einzige deutsche NRO, die konsequent die Perspektive des *Women's Economic Empowerment* einnahm. Glücklicherweise ist es dabei nicht geblieben und immer mehr NRO haben diesen Ansatz aufgegriffen. Besonders die Kooperationen mit lokalen zivilgesellschaftlichen Organisationen in Afrika, Asien und Lateinamerika waren und sind fruchtbar. Letztere haben ein ausgeprägtes Verständnis und wichtiges Wissen zu den Herausforderungen und den Möglichkeiten vor Ort. Sie sind im direkten Austausch mit der lokalen Bevölkerung und können daher sicherstellen, dass deren Belange gehört und eingebracht werden. Wirtschaftliches Empowerment ist dabei eng verwoben mit dem Erlangen einer politischen Stimme. Dass Frauen sich in Gewerkschaften engagieren oder Gewerkschaften gründen können, dass sie für ihre Rechte und Interessen streiten und sich selbst repräsentieren können, sind notwendige Bedingungen für das Erkämpfen von guten Arbeitsbedingungen und gleichen Chancen. Die Zivilgesellschaft im globalen Norden hat in den letzten Jahrzehnten immer besser verstanden: Nur die Frauen vor Ort kennen die angemessenen Wege und Lösungen für ihre Probleme. Praktische Solidarität sollte sie immer dabei unterstützen, sich Räume zu schaffen und zu nehmen, in denen sie sich äußern können.

Obwohl sich die Staaten mit der Agenda 2030 verpflichtet haben, Geschlechtergerechtigkeit und Selbstbestimmung für Frauen und Mädchen zu verwirklichen, steht eine zivilgesellschaftliche feministische Entwicklungspolitik weltweit vor großen Herausforderungen. Nicht nur sind die Ziele nirgendwo vollends verwirklicht, es gibt auch massive Schwierigkeiten, mit denen der Einsatz für die Rechte von Frauen weltweit konfrontiert ist. In vielen Staaten der Welt erleben wir eine Welle repressiver Gesetzgebungen, die NRO vor willkürliche bürokratische Hürden stellen, ihre Finanzierung einschränken oder sie schlichtweg kriminalisieren oder einschüchtern. Oft Hand in Hand mit traditionalistischen und nationalistischen Rhetoriken werden dabei in vielen Staaten Frauenrechtsorganisationen angegriffen und erreichte Erfolge bedroht.

Auch die Folgen der Corona-Pandemie sind noch immer eine große Herausforderung. Die weltweiten Schulschließungen haben die Bildungschancen vieler Mädchen schwer getroffen und die noch immer steigende soziale Ungleichheit trifft Frauen besonders hart. Zugleich nahm die Gewalt gegen Frauen während der Pandemie um etwa 30 % zu. Dies sind keine Probleme, die mit dem Ende der Pandemie überwunden sind, sondern die lange über sie hinauswirken werden. Gleichzeitig hat sich gezeigt, dass Projekte, die auf *Economic Empowerment* abzielen, erfolgreich dazu beigetragen haben, dass Frauen über die Pandemie hinweg Arbeit, Einkommen und ihre Selbstbestimmung bewahren konnten. Hier zeigt sich, wie viel eine lebendige Zivilgesellschaft, die sich für die ökonomische Selbstbestimmung von Frauen und Mädchen einsetzt, leisten kann.

Martha, Ester, Maggie und Rahel schwärmen vom Honiganbau

Aufstieg Schritt für Schritt

von Kamala Upreti, Nepal, WFN

Die Women's Foundation Nepal (WFN) ist eine nicht staatliche und gemeinnützige Frauenorganisation, die seit 1988 Kinder unterstützt und Frauen durch Qualifizierungs- und Aufbautrainings zur Erwerbsarbeit ermutigt, Mikrokredite zur Gründung eigener Unternehmen organisiert und die Vernetzung ländlicher Frauengruppen zur wirtschaftlichen Stärkung von Frauen fördert. Wir unterstützen die Frauen in Nepal auf ihrem Weg in die wirtschaftliche Unabhängigkeit und setzen uns für gleiche Bezahlung, bessere Arbeitsbedingungen und einen besseren Zugang zu Bildung und Ausbildung ein.

Dank der Unterstützung des Marie-Schlei-Vereins konnten Projekte in Nepal wie zum Beispiel eine Seidenschalproduktion, die inzwischen sehr erfolgreich ist, aber auch Projekte in ländlichen Gebieten zur Verbesserung der Gemüseproduktion und Tierhaltung, zum Aufbau von Dorfläden zur Versorgung der Bevölkerung oder ein Blumenprojekt mit Blumen, die insbesondere für buddhistische Feiertage bestimmt sind, durchgeführt werden. Diese Projekte konzentrieren sich auf die Förderung von Frauen und bieten ihnen nachhaltige und wirtschaftliche Chancen. Sie verringern die Armut und fördern die Gleichheit der Gleichstellung der Geschlechter.

Nepal ist eines der ärmsten Länder Asiens, in dem geschlechtsspezifische Diskriminierung weit verbreitet ist und Frauen häufig von Entscheidungsprozessen und wirtschaftlichen Möglichkeiten ausgeschlossen sind.

Die Situation der Frauenrechte in Nepal hat sich im Laufe der Jahre in Politik, Wirtschaft, Bildung und Gesellschaft verbessert. Im Jahr 2001 lag die Alphabetisierungsrate der Frauen bei 42,49 % und ist bis 2021 auf 67,20 % gestiegen. Mehr als 33 % der Frauen sind aktiv in der Politik und der Verwaltung Nepals beteiligt. Frauen gründen zunehmend ihre eigenen Unternehmen, insbesondere in der Landwirtschaft.

Die wirtschaftliche Stärkung ermöglicht es Frauen, ihre Familien zu unterstützen und einen wirksameren Beitrag zum Wohlstand ihren Gemeinschaften zu leisten. Sie ist von entscheidender Bedeutung für die Verringerung der Armut, die Förderung der Gleichstellung der Geschlechter, die Verbesserung der Bildungslage und der Gesundheit sowie die Förderung von Unternehmertum und Innovation. Dies wird dazu beitragen, eine wohlhabendere, gerechtere und ausgewogenere Gesellschaft für alle aufzubauen.

Miriam strahlt über ihre ersten Ernteerfolge

Es ist nichts für alle Zeiten erstritten

von Heidemarie Wieczorek-Zeul, Ministerin für wirtschaftliche Zusammenarbeit und Entwicklung, 1998–2009

Im Bericht der Nord-Süd-Kommission unter dem Vorsitz Willy Brandts heißt es bei der Übergabe an den UN-Generalsekretär 1980 «Jede Definition von Entwicklung ist unvollkommen, wenn sie es versäumt, den Beitrag der Frauen zur Entwicklung und die Folgen der Entwicklung für das Leben der Frauen miteinzubeziehen [...]. Trotzdem wird von Entwicklung vielfach noch so geredet, als sei sie vorwiegend eine Sache von Männern».

Warum habe ich mich als Entwicklungsministerin in der Zeit zwischen 1998 und 2009 für die Stärkung und das Empowerment der Frauen engagiert? Zu einer Zeit, in der es den Begriff «feministische Entwicklungspolitik» noch gar nicht gab? Das hängt mit meinen eigenen Erfahrungen als Frau zusammen, die ich 1942 geboren wurde, die die Nachkriegszeit erlebte, die Erfahrungen, die ich bei meinem Eintritt in die SPD machte, als ich häufig die einzige Frau bei einer Konferenz war, als ich als erste weibliche Bundesvorsitzende der Jungsozialisten mit massiven öffentlichen sexistischen Vorurteilen konfrontiert war. Das hängt mit meinen eigenen Erfahrungen zusammen, als in Deutschland noch der Paragraf 218 galt, der die weibliche Sexualität unter eine strafrechtliche Norm stellte, sodass Frau zum Schwangerschaftsabbruch nach Großbritannien reisen musste, unter sehr entwürdigenden Bedingungen! Deshalb konnte ich mich einfühlen in das Leben, wie es Frauen in unseren Partnerländern ging, die nicht über die Zahl ihrer Kinder selbst entscheiden konnten, die von Männern bevormundet, diskriminiert und unterdrückt wurden. Die, die ganze Arbeit leisten mussten, ohne politisch und parlamentarisch repräsentiert zu sein! Und meine eigene Erfahrung in der SPD war: Die Frauen schlossen sich zusammen, sie setzten die Quote für die Repräsentation der Frauen in der SPD durch. Solidarität war es, die den Unterschied machte. Ich lernte, dass Solidarität der Frauen alle Hindernisse überwinden kann. Und daraus habe ich die Schlussfolgerungen für meine politische Arbeit als Europaabgeordnete, dann als Bundestagsabgeordnete und schließlich als Bundesministerin für wirtschaftliche Zusammenarbeit und Entwicklung gezogen. Ich nahm mir vor, die Solidarität, die ich selbst erfahren hatte, für die Frauen, Mädchen und Kinder in der Zusammenarbeit mit unseren Partnerländern und auch in den internationalen Institutionen einzusetzen. Und das Gute war: Ich konnte als Entwicklungsministerin aus Deutschland mit anderen Entwicklungsministerinnen aus den Niederlanden, Großbritannien und Norwegen eine entschlossene Gruppe bilden, die Utsteingruppe, die z. B. in den Weltbankgremien, in denen wir abgesprochen tätig wurden, die männlichen dominanten Neoliberalen ins Schwitzen und zum Teil auch zu geänderter Politik brachten.

Wir setzten einen Schuldenerlass für die ärmsten hoch verschuldeten Entwicklungsländer durch, der die alten Strukturanpassungsprogramme des IWF überwand und den gewonnenen Finanzspielraum für die Bekämpfung von Armut, für die Investitionen in den Schulbesuch für Kinder und gerade auch der Mädchen nutzte. Und damit gewannen über 30 Millionen Kinder in Afrika neue Lebensperspektiven. Die im Jahre 2000 auf der UN-Millenniumsgeneralversammlung beschlossenen Millennium Development Goals konnten dazu hervorragend Unterstützung leisten: Sie verpflichteten auf Bekämpfung von Armut und Hunger, auf Bekämpfung von Aids, Malaria und Tuberkulose, den Kampf gegen Mütter- und Kindersterblichkeit und vor allem auf die Chancen für den Schulbesuch für Jungen und Mädchen. Und diese Millenniumsdevelopment-Ziele dienten auch der Zivilgesellschaft in den Partnerländern als Kontrollmöglichkeit für die Bewertung ihrer eigenen Regierungen.

Worum ich mich besonders bemühte, war der Kampf gegen HIV/Aids und für die sexuelle Selbstbestimmung von Mädchen und Frauen. Denn in der Phase des wachsenden Anstiegs der HIV/Aids Infektionen und der wachsenden Todeszahlen, zumal in afrikanischen Ländern, Ende der 90er-Jahre und zu Beginn der 2000er-Jahre waren besonders Mädchen und Frauen betroffen. Sie erfuhren Sex häufig mit Gewalt, konnten sich nicht schützen und gaben bei Geburt eines Kindes dann oft auch die Infektion an das Kind weiter. Deshalb war die Gründung des Globalen Fonds zur Bekämpfung von HIV/Aids, Malaria und Tuberkulose zu Beginn der 2000er-Jahre eine umwälzende Entscheidung zugunsten des Schutzes der Frauen. Denn der Globale Fonds, den wir damals mit der aktiven Unterstützung des großartigen UN-Generalsekretärs Kofi Annan auf den Weg brachten, hatte und hat in seinen Entscheidungsgremien gerade auch Betroffene und gibt den Frauen eine Stimme! In den Ländern bestehen mit den Country Coordinating Mechanisms (CCMs) die Entscheidungs-und Beratungsinstanzen, in denen Frauengruppen und viele andere Nichtregierungsorganisationen ihre Forderungen an die Finanzierung der Programme in ihrem Land einbringen. Der Fonds, der nun über 20 Jahre arbeitet, hat in dieser Zeit 50 Millionen Menschenleben gerettet! Und vor allem ist es auch gelungen, die Übertragung der Infektion auf das neugeborene Kind zu verhindern.

Aber auch hier ist niemals alles für alle Zeit errungen und gesichert. Denn die Finanzierung seiner Arbeit muss immer wieder alle drei Jahre sichergestellt werden. Weniger Finanzierung heißt weniger Medikamente zur Aids-Bekämpfung. Denn heilbar ist Aids immer noch nicht. Und durch die Auswirkungen der Coronapandemie, z. B. der Lockdowns gibt es auch im Kampf gegen die bisherigen Pandemien schwere Rückschläge, zumal zulasten der Mädchen und Frauen. Diesen Kampf aufrecht zu erhalten ist auch heute eine zentrale Verpflichtung der Frauenrechte. Genauso verpflichtend ist es neben dem Sustainable Development Goal 3 (Gesundheit für alle, Beendigung der Pandemien wie HIV/Aids) die Nachhaltigkeitsziele 5 und 10 zu verwirklichen, d. h.: Geschlechtergerechtigkeit z. B. alle Formen der Diskriminierung zu beenden, sog. schädliche Praktiken, wie z. B. die Genitalverstümmelung, Kinderheirat nicht zuzulassen, Ungleichheit in allen Formen zu bekämpfen, Gleichberechtigung in Führungsfunktionen zu sichern und vor allem Mädchen und Frauen Zugang zu Mitteln der Familienplanung zu ermöglichen. Dass immer noch weltweit rund 300 000 Frauen bei der Geburt eines Kindes oder danach sterben, ist ein Zeichen, wie schlecht es weltweit um den Respekt und die Achtung von Frauen bestellt ist. Wenn diese Nachhaltigkeitsziele ernst genommen und verwirklicht würden, wäre die Agenda 2030 die entscheidendsten Schritte vorangekommen. Während meiner Ministerzeit habe ich vor allem diese Fragen des Zugangs zu Mitteln der Familienplanung in unseren Partnerländern und die Bekämpfung der Genitalverstümmelung besonders betont. Wir haben z.B. Fraueninitiativen in Ländern wie Benin unterstützt, die die Praxis der Genitalverstümmelung in ihrem Land vollständig ausrotten wollten.

Mein Engagement als Ministerin für die Frauen in Afghanistan, gegen ihre Entrechtung durch die Taliban in der Zeit vor der Jahrtausendwende war geprägt durch meine Solidarität. Als ich im Dezember 2001 zum ersten Mal in Afghanistan war, habe ich gespürt, wie viel Hoffnung die Frauen auf uns setzten. Und wir haben als Entwicklungsministerium besonders den Schulbesuch, die Ausbildung von Mädchen gefördert. Vor allem aber haben wir versucht, Frauen rechtliche Unterstützung in ihrem Engagement gegen männliche Unterdrückung zu geben und die Arbeit der Frauen im afghanischen Kabinett zu unterstützen. Es ist ein Verbrechen, das die US-Regierung unter Donald Trump an der afghanischen Regierung und der afghanischen Zivilgesellschaft vorbei ohne jede Konditionierung den Taliban freie Hand ließ. Und dass «der Westen» klaglos dieses Verbrechen hinnahm, ist unentschuldbar! Es ist also niemals alles für alle Zeiten gesichert. Eine Situation, wie sie sich heute in Afghanistan bietet mit der vollständigen Entrechtung der Frauen, mit allen Konsequenzen für ihr Leben, für ihre Gesundheit, darf die internationale Gemeinschaft, wenn sie wirklich ihre Werte und Nachhaltigkeitsziele ernst nimmt, nicht weiter hinnehmen. Genauso braucht es immer wieder auch eine öffentliche Unterstützung für das Engagement der Frauen in Iran, die durch ihr Aufbegehren und ihre Hartnäckigkeit zeigen, dass sie dauernde Unterdrückung nicht hinnehmen werden. Wobei die innere Situation in Afghanistan und Iran sich deutlich unterscheiden.

Von zentraler Bedeutung ist die Resolution 1325 für die Rechte der Frauen und ihren Schutz vor Gewalt. Die Resolution, die der UN-Sicherheitsrat im Jahr 2000 beschlossen hat und die in das Konzept Women, Peace and Security umgesetzt wurde, ist ein Meilenstein zur Ächtung von sexueller Kriegsgewalt und Achtung der Frauenrechte als Menschenrechte. Sie verlangt, dass Frauen in Friedensverhandlungen in Konfliktschlichtung und Wiederaufbau einbezogen werden müssen. Schon in den ersten 20 Jahren ihres Bestehens war spürbar, dass es der Resolution an einem Mechanismus des Sichtbarmachens von Verantwortlichkeiten fehlt. Wichtig wäre dabei vor allem gewesen, einen Mechanismus zu entwickeln, der nach der Diskussion über die Umsetzung in den nationalen Aktionsplänen im UN-Sicherheitsrat Verantwortliche der mangelnden Umsetzung und auch mögliche Sanktionen benennt. Das Beispiel wäre die Resolution 1612, die sich auf die Ächtung des Einsatzes von Kindersoldaten bezieht. Was bedeutet die Resolution 1325 unter den heutigen Bedingungen von Kriegen und der geopolitischen Veränderungen? Wäre es nicht an der Zeit, dass aus der UN-Generalversammlung oder aus dem UN-Menschenrechtsrat mandatiert ein unabhängiger Bericht entwickelt wird, der aufzeigt, welche Verletzungen der Frauenrechte in welchen Regionen, Ländern, in welchen Konflikten festzustellen sind? Wir brauchen eine globale Diskussion darüber, dass Millionen Frauen ihre Rechte verwehrt werden. Kein Land darf sich demokratisch nennen, das diese Rechte und die Repräsentation von Frauen nicht praktisch verwirklicht. Und in jedem Fall müssen konkrete Situationen und die Verantwortlichen vor den Internationalen Strafgerichtshof gebracht werden, die belegen, dass die Vergewaltigung von Frauen und andere Formen von sexualisierter Gewalt als Mittel im Krieg eingesetzt wurden. Denn es muss endlich deutlich werden: Diese Verbrechen sind Kriegsverbrechen, Verbrechen gegen die Menschlichkeit.

Die Regierungen und die internationalen Organisationen sollten alles tun, um «Comprehensive Sexuality Education» zu ermöglichen: Sie ist mehr als die Prävention von Infektion und ungewollter Schwangerschaft. Sie will jungen Menschen Kenntnis, Werte und Haltung der Empathie und des Respektes für andere und für sich selbst vermitteln und ihnen eine positive Haltung zu ihren sexuellen und reproduktiven Rechten ermöglichen.

Die ökonomische Stärkung von Mädchen und Frauen in ihren jeweiligen Ländern ist nicht nur im Interesse der Frauenrechte, sondern auch im Interesse des jeweiligen Landes. Es ist kluge Wirtschaftspolitik, Frauen in der Gestaltung der Wirtschaft und der notwendigen Transformationsprozesse das Ruder in die Hand zu geben. «Gender equality is smart economics», so haben wir das genannt, als wir die Weltbank im Jahr 2007 zu ihrem Gender Aktionsplan motivierten. Und es ist nicht nur wirtschaftliche Unvernunft, Frauen aus der Gestaltung eines Landes auszuschließen. Die notwendigen Veränderungsprozesse, die alle Länder angesichts der vielfältigen Krisen und den dramatischen Gefährdungen durch den Klimawandel durchlaufen müssen, können nicht ohne die Frauen gestaltet werden. Sie können, sogar besser durch die Frauen gestaltet werden.

Marie-Schlei
Ein Kurzporträt

von Prof. Dr. h. c. Christa Randzio-Plath

1976 bis 1978 wurde die Lehrerin und Bundestagsabgeordnete Marie Schlei zur Ministerin für wirtschaftliche Zusammenarbeit ernannt. Sie war erfolgreich, als es darum ging, die Interessen der Frauen in den entwicklungspolitischen Programmen der Industrieländer zu verankern und den Entwicklungsetat aufzustocken. Das Grundsatzpapier ihres Ministeriums wurde national und international zum gleichstellungspolitischen Durchbruch in der Entwicklungszusammenarbeit. Ihre Vorstellungen wurden Bestandteil der OECD und UN-Konzepte der entwicklungspolitischen Vorstellungen der EU-Kommission. Ihre Abschieds-

rede im Deutschen Bundestag widmete sie der Gleichstellung und der Bekämpfung von Frauenarmut: «Ohne Zweifel muss der eigentliche Kampf um die Emanzipation in den Ländern von den jeweiligen Frauen selbst geführt werden. Doch das gemeinsame Schicksal der Ungleichheit im rechtlichen, wissenschaftlichen, sozialen, politischen und kulturellen Status von Männern und Frauen vereint uns. Unsere Solidarität mit den Frauen auf der südlichen Erdhalbkugel muss sich in begleitenden Maßnahmen der jeweiligen Eigeninitiative ausdrücken [...]».

Feministische entwicklungspolitische Standpunkte

Isabelle Allende, Schriftstellerin, Chile

«Ohne Lärm ist mit Feminismus nichts zu machen!»

«Der Feminismus ist schon ein halbes Jahrhundert alt oder noch älter. Ich stelle aber immer wieder fest, dass junge Frauen nicht wissen, was ihre Mütter und Großmütter auf sich genommen haben. Sie nehmen die Erfolge des Feminismus als gegeben hin und betrachten den Kampf als beendet. Dabei ist er es ganz und gar nicht. Der Kampf ist erst vorbei, wenn es gelingt, das Patriarchat, die Männerherrschaft, zu ersetzen. Durch eine Welt, in der Frauen gleichberechtigt an der Macht und am Wohlstand beteiligt werden – in allen Bereichen der Gesellschaft. Wir sind selbst in den westlichen Ländern noch sehr weit von diesem Zustand entfernt. Ganz zu schweigen von den vielen Ländern der Welt, in denen Frauen regelrecht Opfer des Patriarchats sind. Wir, die wir eine bessere Ausbildung und viele andere Privilegien genießen, haben die Verpflichtung, für unsere Schwestern in diesen Ländern einzutreten.»

Ellen Johnson Sirleaf, Friedensnobelpreisträgerin, Liberia

«Wir sind hier, weil wir eine grundsätzliche Überzeugung teilen. Armut, Analphabetentum, Seuchen und Ungleichheit passen nicht zum 21. Jahrhundert. Uns eint die Überzeugung, dass wir diese Übel ausrotten müssen – zum Wohl aller Menschen. Wir teilen die UN-Milleniumsziele.»

Chimanda Ngozi Adichie, Nigeria, ein neuer Star der Weltliteratur und konfrontiert mit afrikanischer Wirklichkeit innerhalb und außerhalb Afrikas. Sie will einen weltweiten Feminismus und ein Ende jeglicher Diskriminierung. Sie hält jede Form von Geschlechterdiskriminierung für gesellschaftsschädlich. «Wir sollten alle wütend werden. Immer noch werden Frauen benachteiligt. Ich bin doch ein Mensch, Männer sind Menschen.»

Leymah Roberta Gbowee, Friedensnobelpreisträgerin, Liberia, Koordinatorin der Organisation «Women in Peacebuilding». «Der Friedensnobelpreis soll darauf hinweisen, dass Frauen bei der Lösung von Konflikten und für Frieden eine wichtige Rolle spielen.»

Malala Yousafzai, die Nobelpreisträgerin und Kinderrechtsaktivistin aus Pakistan, sieht ihr Schicksal verbunden mit Millionen von Mädchen, denen sie helfen möchte und tritt für mehr Mädchenbildung ein. Sie fordert mehr Gleichberechtigung: «Wenn ein Mann alles zerstören kann, warum kann dann ein Mädchen nicht alles ändern?»

Arundhatti Roy, die berühmte Weltbestsellerautorin ist heute indische Aktivistin für Freiheit und Menschenwürde und gegen jeden Terror. Azadi heißt Freiheit, Titel ihrer neuen Schriftensammlung gegen Indiens «rechtsgerichtete faschistische Regierung», die vor allem Frauen diskriminiert. Sie prangert Ungleichheit und Schwachstellen in der Gesundheitsstruktur und in den Sozialsystemen an, die die Pandemie offengelegt hat.

Victoire Tomegah Dogbé ist die erste weibliche Premierministerin von Togo. Sie ist «Hoffnung für uns», so die Frauenrechtsverteidigerin Elsa Bakolé. Die Premierministerin hat in ihrem Kabinett einen Frauenanteil von 30 %. Für die Menschenrechtsaktivistin Mimi Dossou Soédédié ist Dogbé ein «starkes Signal an unsere jungen Mädchen und Frauen, dass sie das Recht haben, groß zu träumen».

Jutta Urpilainen, EU-Kommissarin für internationale Partnerschaften: «Ein stärkeres Engagement für die Gleichstellung der Geschlechter ist der Schlüssel zu einer nachhaltigen weltweiten Erholung von der Covid-19-Krise und dem Aufbau gerechterer, inklusiver und wohlhabender Gesellschaften. Frauen und Mädchen stehen bei der Pandemie an vorderster Front und müssen nun bei der Erholung das Steuer übernehmen». Die EU beschloss einen dritten Aktionsplan für die Gleichstellung. Bei allen neuen Maßnahmen im Bereich der Außenbeziehungen gilt das Gender Mainstreaming. Die Bekämpfung geschlechtsspezifischer Gewalt, die Förderung der wirtschaftlichen, sozialen und politischen Teilhabe von Frauen und Mädchen gehört in die Handlungsperspektiven, genauso wie der universelle Zugang zur Gesundheitsversorgung und der reproduktiven Gesundheit.

Wangari Maathai, kenianische Friedensnobelpreisträgerin 2004: Die kleinen Dinge, die Menschen tun, zeigen Wirkung. Das wird auf Dauer den Unterschied machen. Meine kleinen Dinge bestehen darin, dass ich Bäume pflanze.

Esther und Miriam freuen sich über das gelungene Backwerk, das auch in ostafrikanischen Ländern reißenden Absatz findet

Vier Jahrzehnte Marie-Schlei-Verein

von Prof. Dr. h. c. Christa Randzio-Plath

Jedem Anfang wohnt ein Zauber inne: Vier Jahrzehnte internationale Solidarität von Frauen in Deutschland mit Frauen in Afrika, Asien und Lateinamerika stärkten das Frauen Empowerment im Globalen Süden und Verantwortungsbewusstsein im globalen Norden.

1984 war es immer noch ungewöhnlich, dass Frauen in Deutschland mit Frauen weltweit in der Entwicklungszusammenarbeit kooperierten. Frauen aus der SPD und den Gewerkschaften gründeten den Marie-Schlei-Verein, um an die Ministerin Marie Schlei zu erinnern, die 1978 das erste «Frauenpapier» in die Welt setzte und international dafür Anerkennung durch die EU, die OECD und die UN erhielt. Die Ministerin war tief betroffen von der Tatsache, dass Frauen in den Entwicklungsländern weniger zu essen und zu trinken hatten als Männer. Es ihnen an allem fehlte von der Gesundheitsversorgung bis zu Bildung, zu Rechten, zu Zugang zu Recht und Gerechtigkeit und zu Selbstbestimmung bis zu wirtschaftlicher und politischer Selbstbestimmung, obwohl damals bereits viele Staaten in Afrika, Asien und Lateinamerika, Mitglied der Vereinten Nationen waren und daher Rechte und Ansprüche der Frauen in die soziale Wirklichkeit hätten übersetzen müssen.

Der Marie-Schlei-Verein setzte auf das Selbstbestimmungs- und Selbstverwirklichungsrecht der Frauen als Ausweg aus Armut und Unterdrückung und führte in den ersten zehn Jahren bescheidene Entwicklungsprojekte mit diesem Anspruch mit Frauengruppen durch. Wichtig war der Gedanke der Partnerinnenschaft. Der Marie-Schlei-Verein wollte keine Patenschaft, sondern Kooperation. Die Frauen in den Projekten sollten selbst entscheiden, welchen Weg sie für sich und ihre Gruppe, ihre Dörfer oder Stadtteile wollten. Die Frauen durften und mussten planen, kalkulieren und Personal vor Ort suchen, das Ausbildung, berufliche Qualifizierung und Management von Kleinkooperativen durchführen konnte. Dazu bedurfte es Vertrauen, das bei Reisen, Frauenkonferenzen und engen Kontakte zu Frauenorganisationen vor Ort gebildet wurde.

In Mbour, Senegal, startete der erste erfolgreiche Versuch mit Batik und Schneiderei. Es folgten ein kleines T-Shirt-Projekt im Slum Santa Ursula, Mexiko City und ein Sojamilchprojekt in Esteli, Nicaragua. Sehr viele kleine frauenbestimmte Projekte folgten.

Jedes Projekt war ein Abenteuer, die Kommunikation erfolgte zwar nicht über Buschtrommeln, aber postalisch. Jede Banküberweisung war anfangs eine Herausforderung. Schließlich mussten die Frauen erst ein Bankkonto eröffnen und dann das Geld managen. Das hatten sie vorher nie getan. Aber dank ihrer Solidarität untereinander und den wenigen beruflich qualifizierten Frauen damals, die zu einer Zusammenarbeit bereit waren, konnten die Kleinstprojekte zur Zufriedenheit der Frauengruppen begonnen und abgeschlossen werden. Manchmal beteiligten sich Hunderte von Frauen an den Projekten, auch wenn sie sich wegen der begrenzten Projektmittel nicht direkt beteiligen konnten. Das Interesse war groß, als auf dem Alti Plano in Bolivien die ersten Gewächshäuser mit prächtigem Gemüse entstanden, die Frauen aber auch über ihre Rechte diskutierten. Das galt für die Bootsfrauen in Chile oder die als Hexen verdammten Frauen in Burkina Faso, die voller Angst vor ihrer Ermordung, aber auch Hoffnung, sich an den Händen fassten und gemeinsam zu einem von ihnen betreuten Feld wanderten. Gemüseanbau wurde für diese «Hexen» zu einem Leuchtpfad der Hoffnung.

Erstes Jahrzehnt 1984–1993
Women Economic Empowerment-Pionierinnen

Voller Freunde zerschnitt die damalige senegalesische Frauenministerin Carolina Diop das batikgefärbte Band im Eingang des neuen Schneidereizentrums im Fischerort Mbour, Senegal. 50 Frauen sangen und tanzten und freuten sich über die erste Partnerschaft zwischen der Frauenunion Mbour und dem Marie-Schlei-Verein. Die Ausbildung im Färben, Batikmalerei und Schneiderei machte farbenfrohe Produkte möglich, die sich gut verkauften.

Dieses Projekt war typisch für das erste Jahrzehnt der Förderungen von Frauenerwerbsarbeit, auch als Schlüssel für den Ausweg aus Armut, Analphabetentum und Gewalt insbesondere in Nicaragua, Kenia und Mauretanien. Vergleichbare Kleinstprojekte wurden in Mexiko mit einer Taschen- und T-Shirt-Produktion, in Nicaragua mit der Herstellung von Sojamilch und Fischfang in Chile durchgeführt. Im ersten Jahrzehnt setzten viele Projekte auf traditionelle Tätigkeiten, auch um die Akzeptanz durch die Dorfbevölkerung zu erhöhen.

Erstaunlich war, dass es Anfang der 90er-Jahre gelang, im südafrikanischen Slum Gugulethu (bei Kapstadt), ein Frauenzentrum aufzubauen, das bis heute die Beratung von Frauen als Opfer von Männergewalt organisiert und ihnen Berufsausbildungsangebote macht. Insbesondere arbeitslose Schulabgängerinnen sind bis heute eine Zielgruppe.

Vielfach war es ungewöhnlich, ohne die Genehmigung der Männer eine eigene wirtschaftliche Tätigkeit auszuüben. Die Frauen hatten viele Kinder und waren für alle Familienangelegenheiten zuständig. Ein eigenes Geldeinkommen hatten sie nicht. Die Hälfte von ihnen war verheiratet, aber viele waren auch Witwen oder Alleinstehende. Sie hatten keine Schulbildung oder waren nur zwei bis vier Jahre zur Schule gegangen. Viele waren Analphabetinnen, sodass ihnen das Lernen besonders schwerfiel. Mit den Projekten hatten sie erste Chancen für eine rudimentäre Bildung.

Der Marie-Schlei-Verein arbeitete in diesen Projekten immer mit Frauenorganisationen oder -gruppen zusammen. Einige wurden wie zum Beispiel in Nicaragua staatlich gefördert, aber in den meisten Entwicklungsländern mussten sie sich selbst finanzieren. In Keur Madia, Senegal, starteten die Frauen Gemüseanbau und betrieben eine kleine Bewässerungsanlage und Gärten. Der Bevölkerung erlaubten die Frauen die Nutzung des Brunnens gegen Gebühren und konnten so Einnahmen für ihre Projekte erzielen. Bildung und Women Economic Empowerment gehörten von Anfang an für die Entwicklungszusammenarbeit des Marie-Schlei-Vereins zusammen. Das Engagement gegen Gewalt gegen Frauen ebenfalls. Das wurde schon 1986 deutlich, als die Zusammenarbeit mit einem Frauenzentrum in Sullana, Peru begann. 100 Frauen wurden in diesem «Centro de la promotion de la mujer» in Krankenpflege und Gesundheitsdiensten, Bäckerei und Konditorei und

Schneiderei ausgebildet. Das Zentrum war so erfolgreich, dass einige Männer sich entschlossen, den Frauen bei der Hausarbeit zu helfen, damit sie mit ihren neu erworbenen Fähigkeiten Geld verdienen konnten. Vor wenigen Jahren hat der Staat Peru das erfolgreiche Frauenzentrum übernommen, führt Ausbildungskurse weiterhin durch und garantiert die finanzielle Absicherung vom Zentrum. Ein weiteres Ausbildungszentrum entstand in Leon. Es sollte neben der traditionellen Textilverarbeitung und Schneiderei auch Computerausbildung durchführen. Stolz zeigten die jungen Frauen ihre Computerausbildungsabschlüsse. Leider gab es dann Auseinandersetzungen mit der politischen Frauenorganisation AMNLAE, sodass nach 20 Jahren die Zusammenarbeit beendet wurde, die Computerkurse ausgelagert wurden und schließlich eine neue Partnerin NRO für das ländliche Leon gefunden wurde, die in Produktion und Vermarktung ihrer landwirtschaftlichen Angebote erfolgreich war. Aus politischen Gründen mussten dann 2020 nach weiteren vergeblichen Versuchen die Projekte in Leon eingestellt werden. Computerkurse konnten in Malaysia für 60 Töchter indischer Plantagenarbeiter erfolgreich durchgeführt werden.

Das erste Jahrzehnt konsolidierte die Arbeit des Vereins auf einem niedrigen finanziellen Niveau, war aber wichtig für die Unabhängigkeit einer so kleinen Nichtregierungsorganisation. Der Marie-Schlei-Verein hatte in diesem Jahrzehnt ein Alleinstellungsmerkmal: Frauenprojekte, die nicht nur zur Verteilung von Almosen bestimmt waren, sondern von dem Gedanken der Partnerschaft mit den Frauen im Süden und der Selbstverantwortung der Partnerinnen geprägt waren. Alle Projekte, die gefördert wurden, waren Projekte, die die Frauen geplant, allein durchgeführt und gemeinsam verantwortet haben. Der Marie-Schlei-Verein leistete Hilfe zur Selbsthilfe für wirtschaftlich und sozial engagierte Frauen, die das empowerment von Frauen wollten und praktizierten. Ein Sonnenstrahl für südafrikanische Frauen konnte mit dem Aufbau eines Frauenzentrums in den Slums von Kapstadt organisiert und finanziert werden, um die vielen Frauen zu versorgen und zu betreuen, die Gewaltopfer waren und auf eine bessere Zukunft hofften. Beratung und Berufsausbildungsangebote waren damals wie heute zentrale Anliegen des Zentrums, mit dem auch 2023 noch zusammengearbeitet wird.

Ein Bus für Moshi, Tansania hieß die Aktion zum zehnjährigen Jubiläum des Marie-Schlei-Vereins. Sie war ein großer Erfolg. Erstmals besaßen Frauen ein Nahverkehrsunternehmen und erstmals konnten Frauen einen Führerschein machen. Die Fahrstunden der Frauen mussten heimlich genommen werden. Schließlich erhielten die Frauen in der Kilimandscharo-Region die Zulassung als erstes Nahverkehrsunternehmen in Frauenhänden und beförderten Menschen, Tiere und landwirtschaftliche Produkte aus den Dörfern auf unterschiedliche größere Märkte. Dadurch erhöhte sich das Einkommen der Frauen, die dann in ihre Landwirtschaft, aber auch in Dorfläden eine Mühle und in die Schulbildung der Kinder investierten. Angesteckt von dem Mut dieser Frauen bat eine andere Frauengruppe um die Traktorausbildung von zwei Frauen. Für alle war es ein großartiges Erlebnis, die beiden stolzen Traktorfahrerinnen auf dem Feld zu sehen. In der Kilimandscharo-Region gab es viele weitere Projekte mit der tansanischen Frauenorganisation UWT im handwerklichen Bereich, aber auch in Bezug auf den Umgang mit HIV/Aids. Eine andere wichtige Aktion: In Tansania wurden viele Frauen und Mädchen vergewaltigt. Wenn Teenager schwanger wurden, mussten sie die Schule verlassen. Ein Problem, welches erst 2021 gesetzlich gelöst werden konnte. Die schwangeren Mädchen wurden von ihren Familien verstoßen. Mit UMATI entstand eine Partnerschaft und am Busbahnhof in Daressalam entstand ein Frauenzentrum, in dem die Teenager-Mütter die Schule «nachholen» konnten, aber auch berufliche Anfängerschritte ausprobieren konnten. Gleichzeitig gab es dort eine Kinderkrippe und einen Kindergarten. Zwei weitere vergleichbare Projekte wurden in einem anderen Teil von Daressalam und in Iringa durchgeführt, um das Elend der Mädchen überwinden und es ihnen möglich zu machen, sich eigenständig in die Gesellschaft zu integrieren.

Im zweiten Jahrzehnt weitete sich die Projektarbeit aus. Schließlich gab es nicht viele Partnerinnen im Norden, die auf Gleichstellung und Selbstbestimmung setzten. Nein zu Frauengewalt war in jedem Projekt «Lernstoff», zumal die Frauen nicht einmal unter sich über Männergewalt redeten. Das war eine Erfahrung in allen Projekten auf allen Kontinenten. Ob in Mexiko oder Vietnam – es dauerte seine Zeit, bis über dieses Thema vertrauensvoll geredet werden konnte.

Ähnlich war es damals auf Jamaika, wo der Marie-Schlei-Verein mit der dortigen Frauenorganisation drei Ausbildungszentren betrieb, die Teenager-Müttern die spätere gesellschaftliche und berufliche Integration ermöglichten. Wie in Tansania galten auch die Frauen in Jamaika als eine Schande für die Familie, selbst wenn sie von Familienangehörigen oder Lehrern vergewaltigt worden waren. Auf Jamaika waren die Zentren so erfolgreich und unentbehrlich, dass die jamaikanische Regierung die Zentren finanziell stabilisierte und weiterbetrieb.

Zweites Jahrzehnt 1994–2003
Frauen erobern neue Domänen

Anfangs wurden auch Schneidereiprojekte gefördert. Die Lektion lernten alle schnell: In vielen Ländern Afrika waren Häuser mit Nähmaschinen vollgestopft, weil damit sichtbar und schnell geholfen werden sollte, aber die Maschinen wurden nicht benutzt, weil sie nicht bedient werden konnten, weil Secondhand-Kleidung billiger war und ist als in Afrika gefertigte Kleidung und weil es keine Ausbildung gab.

Erfolgreich gefördert werden konnten damals Projekte mit der Frauenvereinigung in Simbabwe: Neben Tierzucht, Bäckerei und Gemüseanbau stach hier insbesondere die Hebammenausbildung in Gokwe hervor, die Barfußhebammen in dem Krankenhaus von Tabora mit dem Marie-Schlei-Verein in Ausbildungskursen förderte und zur Senkung der Mütter- und Säuglingssterblichkeit um 50 % beitrug. Dank ihres Hebammenkoffers, der Teil der Ausbildung war, konnten die Hebammen auch vor Ort helfen und «Geld» verdienen. Meist bestand ihr Lohn in lebenden Hühnern, sodass die großen Hühnerställe in den Dörfern auf die professionellen Hebammen hinwiesen. Neben den vielen landwirtschaftlichen Kleinprojekten in Peru, Simbabwe, Bolivien, Senegal und in Tansania konnten in den bolivianischen Anden erstmals für Frauen Treibhäuser für Gemüsezucht aufgebaut werden. Daneben blieb die Schneiderei trotzdem wichtig und ist bis heute eine wichtige Einnahmequelle in vielen lateinamerikanischen Ländern. Ökologisch und gesundheitlich verträgliche Fischtrocknung wurde von den Fischfrauen im Senegal erfunden, die gleichzeitig lautstark ihre Frauenrechte einforderten.

Eindrucksvoll waren die gut organisierten 100 «Fischfrauen» von Taralong auf den Philippinen, die erfolgreich auf den Vulkan-Seen ihre Fischgärten eingerichtet hatten, die nur per Kanu erreichbar waren. Sie schäumten über vor Stolz und Freude, wenn sie über ihre Anfänge und späteren Erfolge mit der Zucht von prächtigen Tilapiafischen erzählten. Fischzuchtprojekte gab es auch in afrikanischen Ländern und in El Salvador.

Sehr viele Frauen nahmen an den Computerkursen in Leon, Nicaragua teil oder an den Rechtsberaterinnenausbildungskursen in Uruguay. Gefragt waren dort die ausgebildeten Handwerkerinnen in der Altbausanierung, die zusätzlich besondere Alarmeinrichtungen für Frauen einbauten, um sie vor Gewalt zu schützen. Das Selbstorganisationsgeschick und die Vernetzung im eigenen Frauencafé erleichterten die Organisation der Nachfrage. Die Projekte in Uruguay und Sri Lanka waren auch deswegen sehr erfolgreich, weil auch arme

Frauen in diesen Ländern einen höheren Bildungsstand hatten als Frauen in Projekten anderer Länder.

Die Zusammenarbeit mit der Frauenorganisation agromart förderte die ökonomische Bildung und neue Formen von gewerblichen Aktivitäten zu Pilzzucht, Blumenproduktion, Hauswirtschaft, Restauration und Flüchtlingsintegrationsprojekten war so erfolgreich, dass die Zusammenarbeit abgeschlossen werden konnte und agromart alle Projekte ohne Unterstützung durchführen konnte. Mit dem Tsunami 2004 war dann Soforthilfe angesagt, weil 600 Mitglieder von agromart ihre Angehörigen, ihr Hab und Gut verloren, aber auch ihre Produktionsstätten, Läden oder anderen Kleinstbetriebe zerstört wurden. So wurden drei Frauenzentren auf Sri Lanka in Galle, Matara und Ambalantota aufgebaut. Da es noch nie Frauenzentren auf Sri Lanka gegeben hatte, wurde mit den Frauengruppen vor Ort alles diskutiert. Die Frauen entschieden über die Standorte und die Teilnehmerinnen. Tausende Frauen suchten Obdach und Trost, einen Platz zum Arbeiten und Reden. In Rekordzeit wurden Häuser gefunden bzw. gebaut. Die Frauen saßen dann dicht gedrängt auf Stühlen oder auf dem Boden. Kleinunternehmerinnen und Angestellte überwanden gemeinsam ihre Sprachlosigkeit. Sie hatten vergleichbare unsagbare Verluste erlitten, aber hatten die Wahl, neu anzufangen- trotz Trauer, Tränen und Verlust.

Die Frauenzentren halfen den Frauen nach eigenen Aussagen sehr, weil sie einen angstfreien Raum für sich und andere Frauen zum Reden hatten. Schnell begannen sie gelernte Tätigkeiten mit anderen zu verrichten. Einige Frauen arbeiteten in den neuen provisorischen Werkräumen und verkauften ihre Produkte. Das ermutigte andere Frauen. Eine Kleinunternehmerin wurde bald Unternehmerin des Jahres mit ihren Spitzenprodukten, die sie vor dem Tsunami auch nach Brüssel exportiert hatte. Die Frauen machten sich gegenseitig Mut und agromart koordinierte alles. Alle überlebenden agromart-Mitglieder konnten dann später neue Klein- und Kleinstbetriebe aufbauen. Neben dieser großen Anstrengung und Krisenaktivitäten gelangen etliche Computerausbildungen wie z. B. in Malaysia und in einigen afrikanischen Ländern, aber auch viele handwerkliche und landwirtschaftliche Projekte in Vietnam, Laos, Kambodscha, Guatemala, Uruguay, Ekuador, Argentinien, in Peru und Bolivien, Guinea und Tansania, Senegal, Mali und Simbabwe. Viehwirtschaft gehörte insbesondere in Lateinamerika, in Nepal, Indonesien und in Vietnam dazu.

1995 gab es einen besonderen Höhepunkt: Die Weltfrauenkonferenz in Peking. Die Aktionsplattform von Peking ist noch heute ein feministischer

Meilenstein. Außerdem trafen sich nicht nur Regierungen, sondern auch die weltweite Zivilgesellschaft. Fast 40.000 Frauen reisten zu der Frauenkonferenz. Es war eine riesige Freude, auch Frauen aus den Projekten des Marie-Schlei-Vereins in Afrika, Asien und Lateinamerika zu treffen und zu diskutieren. Das war aber keine Premiere, da der Verein bereits auf der Weltfrauenkonferenz in Nairobi 1985 einen eigenen Informationsstand hatte und von vielen Frauen ermutigt wurde, die Zusammenarbeit für Projekte zur beruflichen Qualifizierung und ökonomischen Autonomie der Frauen zu fördern.

Das zweite Jahrzehnt kennzeichnen auch zwei weitere Besonderheiten. Mit den Frauenorganisationen in Mali und im Senegal beteiligte sich der Marie-Schlei-Verein an Aktionen gegen sexuelle Verstümmelung bzw. Beschneidung von Frauen und Mädchen. Die Frauenorganisationen überzeugten Beschneiderinnen. In Mali warfen 40 Frauen ihre Messer in einen Korb und schworen der Beschneidung ab. Sie erhielten unterschiedliche berufliche Qualifizierungen und einen Existenzgründungszuschuss für ihre neue Tätigkeit als Kleinstunternehmerinnen. Im Senegal entschlossen sich 30 Beschneiderinnen, ihre Messer in den Korb zu werfen und zu Dorfhebammen zu werden. Mithilfe des örtlichen Krankenhauses war es dem Marie-Schlei-Verein möglich, diese Umschulung durchzuführen. Die Dorfhebammen schlossen zwar ihre Ausbildung erfolgreich ab, aber aufgrund der Auflagen von der Weltbank kürzte die Regierung ihren Staatshaushalt, sodass die dörflichen Gesundheitszentren geschlossen werden mussten und die Hebammen ihren Beruf nicht ausüben konnten. Vollkommen verzweifelt griffen einige wieder zum Messer. Ein Rückschlag. Neben erfolgreichen Mikrokreditprojekten in Ghana war die Kooperation mit der guineischen Frauenorganisation AGFC besonders erfolgreich, weil ein großes integriertes Projekt für die Qualifizierung von Frauen in diesem armen Land mit so wenig alphabetisierten Frauen aufgebaut werden konnte. Die Agraringenieure:innen der AGFC hatten Kontakte zu kanadischen Ingenieurinnen und konnten eine ökologische Seifen- und Salzproduktion aufbauen. Ein Glücksfall für Tausende von Frauen.

Hervorzuheben sind die integrierten AGFC-Projekte mit den Frauenzentren in Guekedou und Koutinya, die großen ökologisch verträglichen Fischräuchereien, die Getreide- und Palmölmühlenbetriebe. Keine Viper, kein Schlamm konnte die Frauen daran hindern, endlich «marktfähig» zu werden und damit ihr women economic empowerment selbst zu erleben. Gut geplant waren auch ihre Kühlkammern bei Dalaba. Hier gedeihen Obst und Gemüse besonders gut. Allerdings können sie nicht immer alle ihre Produkte verkaufen, sodass sie verfaulen. Deswegen entwickelten die Frauen Steinhäuser als einfache Kühlkammern mit Klimageräten und Regalen, in denen die nicht verkauften Produkten lagern. Später dehnten sie ihre Produktion auch auf Karitébutter und Kartoffeln aus, die besonders lange in den Kühlkammern lagern konnten. Es wurde mit der Wiederaufforstung und dem Ausbau von zwei großen Frauenausbildungszentren begonnen. Auch wenn Kontakte zu vietnamesischen Frauenverbänden schon länger bestanden, vertiefte sich im zweiten Jahrzehnt die erfolgreiche Zusammenarbeit. Besonders nord-vietnamesische Frauenprojekte standen wegen der großen Frauenarmut im Vordergrund: Pilzzucht, Blumenzucht, Reisproduktion, Schweinezucht, Gemüseanbau und -ernte sowie Verkauf und Hühnerhaltung standen im Vordergrund. Der vietnamesische Binnenmarkt brauchte die Produkte. Sehr stolz sind bis heute die Blumenfrauen, die ihre Blumen auf den heimischen Märkten absetzen. Blumen sind beliebt-zu Hause und als Geschenk.

Drittes Jahrzehnt – 2004–2013
Neue Projektstandorte, neue Herausforderungen

Mit der Frauenorganisation AGFC in Guinea begann der Marie-Schlei-Verein eine Partnerschaft zur Förderung von Women Economic Empowerment und ökologisch verträglicher Produktion. Es ging nicht nur um Seifen- und Schneidereiprojekte, sondern vor allem um Wiederaufforstung, um eine ökologisch verträgliche Fischräucherei, um ökologisch verträglichen Gemüse- und Obstanbau sowie deren Vermarktung. Wichtig waren auch die großen Palmöl-projekte sowie die Produktion von Karitébutter. Dazu wurden zwei Frauenaus-bildungszentren gegründet und gefördert in Guekedou und Koutinya. Hervor-zuheben ist, dass es in diesem islamisch geprägten Land für Frauen erstmals möglich wurde, Landeigentum zu erwerben. Dies traf auf die Frauenzentren zu, aber auch auf das Waldeigentum und die Felder, auf denen die Karitébüsche standen. Das Frauenzentrum in Koutinya unterrichtet auch noch 2024. Nur ein-geschränkt arbeitet in dem putsch- und gewaltgeprägten Land das Frauenzen-trum in Gueckedou. Neben Bäckerei, Schneiderei, Nahrungsmittelzubereitung werden die Frauen heute auch in Computerausbildung unterrichtet.

2002 sollte die langjährige, erfolgreiche Zusammenarbeit, die ökonomi-sche Bildung und beruflichen Qualifizierung von Tausenden von Landfrauen auf Sri Lanka beendet werden. Agromart in Sri Lanka war eine etablierte und leistungsstarke Frauenorganisation. Sri Lanka war kein Entwicklungs-land mehr, sondern ein Schwellenland. Da brach 2004 der Tsunami aus. Den

Marie-Schlei-Verein erreichte der Hilferuf der Frauenorganisation Agromart. Tausende der Frauen hatten ihr Leben, ihre Lieben, ihre Kinder und ihr Hab und Gut verloren. Der Marie-Schlei-Verein beschloss die Wiederaufnahme der Kooperation und prüfte bei der Reise durch die zerstörten Gebiete mit den Frauen gemeinsam ihre Zukunftsaussichten. Die Frauen waren starr vor Schock und konnten nicht einmal ihre Interessen formulieren. Sie hockten auf ihren Matten. Gemeinsam mit Agromart und mit einigen der erfolgreichsten Kleinstunternehmerinnen, die ausgebildet worden waren, wurden erfolgreiche Zukunftsperspektiven überlegt.

Beschlossen wurde der Aufbau von drei Frauenausbildungszentren im Süden von Sri Lanka. So entstanden zum ersten Mal in dem Land «Frauenhäuser», unterschiedliche Gebäude mit großen Räumen, in denen die Frauen tagsüber arbeiten und sich beraten konnten. Für die Frauen veränderten die Frauenzentren ihre Einstellung, insofern verband sich die Trauerarbeit bei ihnen mit neuen Formen von Einkommenserzielung. Eine der erfolgreichsten Frau in der Herstellung von Textilprodukten mit Spitzen hatte alles verloren. Sie gab nicht auf und wurde von der Regierung bereits zwei Jahre später als erfolgreichste Unternehmerin ausgezeichnet. Sie – wie andere auch – halfen den Frauen, denen es schwerer fiel, neu anzufangen. Aber in allen drei Zentren in Galle, Matara und Ambalantota waren zwei Jahre nach dem Tsunami die Frauen wieder optimistisch und berichteten stolz über ihre Neuanfänge. Sie mussten ganz von vorne anfangen und haben es geschafft. Dieser Neuanfang war möglich, weil ökonomischer Fortschritt und Trauerarbeit miteinander verbunden waren und die Frauen dadurch besondere Kraft, Mut und Disziplin entwickelten. Sie arbeiteten mit der landwirtschaftlichen Fakultät von Matara zusammen und bauten zum Beispiel ein sehr erfolgreiches Pilzsporenprojekt in ihrem eigenen Labor auf.

Im Norden von Vietnam leben viele benachteiligte Minderheitenfrauen. Sie arbeiten mit der Vietnam Women Union und dem Marie-Schlei-Verein zusammen. Ihre Nudeln aus Cannae und Reis sind ein Schlager auf den Märkten. Das gilt auch für die Pilze, die in großen Mengen gezüchtet und erfolgreich vermarktet wurden. Sogar Heilmittel konnten die Frauen mithilfe bestimmter Pilzsorten auf den Markt bringen. Andere Projekte wie Schweinezucht und Reis- und Gemüseanbau zählen zu den Erfolgsrezepten im Kampf gegen die Armut der nordvietnamesischen Frauen. Gefördert wird das Kleinstunternehmerinnentum in ländlichen Gebieten.

Wichtig waren der Partnerinnenorganisation VWU und dem Marie-Schlei-Verein auch die Kurse über Rechte der Frauen und über Gründung von Genossenschaften. So entstanden Frauengenossenschaften nicht nur im Pilzanbau, sondern auch in der Blumenzucht und in handwerklichen Berufen. Heftig diskutiert wurde die Frage des Landeigentums, das inzwischen teilweise gemischtes Eigentum von Frau und Mann ist, sodass jetzt einige Männer und Frauen das gemeinsame Eigentum an Grund und Boden. Die Blumen- und Gemüsegenossenschaften der Frauen sind im gemeinsamen Eigentum der Frauen. Ein Erfolg war die Produktion von konischen Hüten. Viele Frauengruppen schlossen sich zu Genossenschaften zusammen und produzierten zusammen kunstvolle konische Hüte. Bitter: Mit der Einführung der Helmpflicht für Fahrräder und Mopeds brach die Produktion ein. Vier Jahre nach Beginn der Produktion verkauften die Frauen deswegen nur noch wenige Hüte.

In Ecuador gab es einige erfolgreiche landwirtschaftliche Projekte in der Zucht von Meerschweinchen und der Verarbeitung von Meerschweinchenfleisch. Die Frauen betrieben mit Erfolg Restaurants und Fleischereien. Auch andere Frauen in Lateinamerika setzten auf Tierhaltung wie unter anderem Schafe, Hühner, Lamas und Schweine. Aber auch die Gemüseproduktion und die nachhaltige Landwirtschaft prägten viele erfolgreiche Projekte. Auch Bäckereien wie in Pintadas waren beliebte Projekte, die gleichzeitig zu den Kenntnissen der Frauen in Buchführung und Einnahmeabrechnung beitrugen. Das Rechnungswesen war immer eine Herausforderung für die Frauenprojekte. Das wurde auch in asiatischen Projekten wie den Reis-, Gemüse und Fischprojekten von Strey Khmer in Kambodscha deutlich, aber auch in der tollen Seidenproduktion in Laos. Selbst die Deutsche Botschaft bezog dort übrigens ihre Möbel mit den Seidenstoffen aus dem Marie-Schlei-Verein-Projekt.

Die Aktionsplattform von Peking kennzeichnete das dritte Jahrzehnt des Marie-Schlei-Vereins. Frauen vom Land können «rennen». Selbst die Welternährungsorganisation kam zu der Erkenntnis, dass der Ertrag auf den Feldern der Frauen den Ertrag einer ganzen Nation um 30 % steigern kann. Neue Genderkonzepte und Genderaktionspläne fanden weltweit und auch in Deutschland eine neue Beachtung und definierten Geschlechtergerechtigkeit als ein eigenes Ziel von Entwicklungspolitik und als Querschnittsaufgabe. Mehr Mittel für die Umsetzung von Genderaktionsplänen und mehr Frauenrechte standen im Mittelpunkt der Diskussion. Mit Diskussionsrunden und Informationsveranstaltungen führte der Marie-Schlei-Verein deutschlandweit Aktionen für internationale Solidarität und politische Bildung zur Lage und Rolle der Frauen im Globalen Süden. Slumgärten als Ausweg aus Armut und Gewalt wurden zum Erfolg für Frauenprojekte in Peru, Bolivien, El Salvador und Nicaragua. Eine Kaffeeplantage in Honduras stellte so hochwertigen Kaffee her, dass er bei großen Kaffeeplantagen sehr begeht und gekauft wurde. Kleinere Projekte in Guatemala verhalfen zu einer kleinen Baum- und Pflanzenschule, aber auch beim Aufbau von Werkstätten und Läden. Ein kleines Naturkosmetikprojekt in Brasilien schaffte den Durchbruch auf dem heimischen Kosmetikmarkt. Unermüdlich engagierten sich Frauen – sie wollten den Erfolg für sich, ihre Kinder und die Dörfer.

Viertes Jahrzehnt 2014–2023

Besonders ehrgeizig war das Projekt einer riesigen Gemüseproduktion in drei unterschiedlichen Regionen von Vietnam, die zur gesünderen Ernährung in den Städten, insbesondere in Hanoi beitragen sollten. Beeindruckende Produktionsergebnisse führten aber nicht zur Realisierung, weil Covid-19 den Verkehr zwischen Hanoi und den Provinzen verbot.

Die Frauenkooperationen fanden allerdings sehr schnell in ihrer eigenen Region. Erfolgreich waren die wasserwirtschaftlichen und genossenschaftlichen Projekte in Peru, Bolivien, El Salvador und Nicaragua. Die Ausbildung von Kleinstunternehmerinnen war ein Schwerpunkt für asiatische Projekte, aber auch für afrikanische Frauengruppen.

Beeindruckend waren die Arbeitsleistungen kenianischer Frauen in der Nähe vom Victoriasee. Die Fische aus dem Victoriasee werden nach Europa exportiert. Die Frauen sagten, «höchstens Weihnachten gab es einen Fisch» Unter Anleitung von Ingenieurinnen hackten sie ihre Felder zu Fischteichen um und wurden in der Fischzucht von Tilapia-Fisch ausgebildet. 100 Frauen mit sieben Fischteichen waren besonders erfolgreich. Mary lernte mühsam das Fischmanagement und das Festlegen von Preisen, weil sehr häufig Fischhändler von den Fischteichen und der Qualität der Tilapia-Fische gehört hatten. Sie verhinderte den Billigverkauf der Fische an Zwischenhändler. Die Frauen vermarkteten die Fische selbst. Viele Frauen fühlten sich durch diese Erfolge ermutigt und begannen eigene neue Fischproduktionen später dann auch in Uganda. In Salvador gelange es Frauen aus den Projekten, sogar Landrechte durchzusetzen.

Im politisch schwierigen und von Bürgerkriegen betroffenen Mali geben die Frauen nicht auf. Die Groupe Nature legte selbst in der Wüste Gemüsegärten an, die sie umzäunten, um Wind und Ziegen fernzuhalten. Damit leisten sie in diesem armen Land einen Überlebensbeitrag. Die Partnerorganisation

COFEPRAT in einem Slum von Malis Hauptstadt Bamako hatte Mut und gründete ein Unternehmen, um Plastikmüll von den Straßen zu holen und Plastikfäden herzustellen. Sie sind das erste Müllverarbeitungsunternehmen und hoffen trotz Krieg und Gewalt auf gute Aufträge.

Mit der Erbschaft von Hans-Jürgen Kramer von fast einer Million Euro wurde es dem Marie-Schlei-Verein trotz Covid-19 möglich, viele kleine Projekte in Afrika zu unterstützen. Sie mussten aber nicht nur verlässliche Partner NRO sein, sondern vor allem Abrechnungskriterien genügen. In Uganda überzeugte die Qualität der Anträge, das Engagement der Frauengruppen und die Fantasie und Beharrlichkeit aus der Armut in dem ländlichen Gebiet von Kasese herauszukommen. Sehr erfolgreich waren die landwirtschaftlichen Projekte auch in Nepal, Bangladesch und auf den Philippinen. Auf den Philippinen betrieben die Frauen auch eine Bäckerei. Bäckereiprojekte waren auch in afrikanischen Staaten, auch auf Madagaskar sehr beliebt. Dank der Zielstrebigkeit der Frauen, bauten die Frauengruppen in ihren unterschiedlichen Projekten aufeinander auf, betrieben nicht mehr nur Küchengärten, sondern begannen mit Gewächshäusern und der Zucht von Setzlingen, um klimaresistente Pflanzen anzubauen. Sie überzeugten mit Landfunksendungen die Bevölkerung davon, dass es gesund ist, sich von Gemüse zu ernähren.

Das Economic Empowerment verbunden mit dem politischen und dem persönlichen Empowerment kennzeichneten in diesem Jahrzehnt die Projekte des Marie-Schlei-Vereins im afrikanischen Uganda, im asiatischen Vietnam, im lateinamerikanischen Peru und vielen anderen Ländern. Die landwirtschaftlichen Genossenschaften in den vietnamesischen Provinzen Doy Han, Nam Dhin und Bac Kan konnten erfolgreich aufgebaut werden und produzierten und vermarkteten mit Gewinn ihr Gemüse, ihren Reis und ihre Blumen. Selbstbewusst vertraten sie ihre Anliegen in den Dorfgemeinschaften und konnten beispielsweise schlechte Handwerksarbeit in ihren Projekten ersetzt kriegen. Selbst die Covid-19-Pandemie überwanden die Genossenschaften, indem sie ihre ehrgeizigen Ziele der Vermarktung in Hanoi verließen und ihren Absatz auf den regionalen Märkten mit Erfolg ausbauten. Die Qualität ihres Biogemüses überzeugte selbst regionale Supermärkte, sodass die Genossenschaften gute Preise erzielen und Gewinne für die Genossenschaftsmitglieder erwirtschaften konnten.

In zwei Frauenzentren in Guinea und Südafrika, die der Marie-Schlei vor zwanzig Jahren aufgebaut hat, werden Ausbildungskurse in Computerlehrgängen, aber auch in Seifenherstellung und Textilarbeiten, Färben und Bäckerei durchgeführt, um arbeitslosen Schulabgängerinnen Chancen auf dem

Afrikanische Snacks schmecken und lassen sich gut verkaufen

Arbeitsmarkt zu geben. Besonders viele Frauenprojekte konnten in Uganda durchgeführt werden, weil es sehr viele arme Frauen in vielen Provinzen gibt und insbesondere in der großen ländlichen Provinz Kasese viele Frauenprojekte gut miteinander vernetzt sind und kooperieren. Im Gender Ineqality Index belegt Uganda Rang 131 von 162. Besonders erfolgreich sind Bio-Gemüseanbau-Projekte. Aber auch viele handwerkliche Frauenprojekte überzeugen wie die erfolgreiche und kunstvolle Herstellung von Mauersteinen, die Textilherstellung wie Taschen aus Bananenblattfasern oder Modedesign, Seifenproduktion und eine eigene Kaffeeproduktion vom Anbau bis zur Verarbeitung und einer staatlich anerkannten Kaffeeproduktionszertifizierung. 2022 und 2023 prägten zwei große Frauen-Landwirtschaftsprojekte in El Salvador und in Peru die Projektarbeit, die gute Ernteerträge, aber auch erste Erfolge im Erwerb von Landeigentum der Frauen erzielten.

Autor:innenverzeichnis

Shy Ali
Präsidentin und Direktorin der UMODZI Youth Organisation in Malawi, Tierzucht, Stickerei und Schneiderei in Blantyre.

Arturo Astocondór
Direktor von Centro de Investigacioón y Desarrollo (CIDER) in Peru, Milchproduktion und Verarbeitung in Lima.

Dinajpur Balubarin
Direktorin Aloha Social Services Bangladesh (ASSB) in Bangladesch, Gemüseanbauprojekte, Schneiderei, Entenzucht und Tierzucht.

Katharina Barley
Mitglied Europäisches Parlament, Vizepräsidentin Europäisches Parlament.

Magret Biira
Vorsitzende einer Bäckerei-und Snackproduktion in Uganda, die Witwen zur Einkommenserzielung in Mughete schult.

Ana Besser
Autorin, Pädagogin, Beraterin beim Senior Expert Service, ehemaliges Vorstandsmitglied Marie-Schlei-Verein, Revisorin.

Kadé Diallo
Präsidentin der Association Guineenne des Femmes Chercheurs (AGFC) in Guinea, Ausbildungszentren, Förderung von Fischräuchereien und Produktion von Ölprodukten.

Komla Sena Dzahini
Koordinatorin Centre d'Assistance aux Demunis et Orphelins (CADO) in Togo, Getreideproduktion in Agou.

Elke Ferner
Ehemalige parlamentarische Staatssekretärin im Frauenministerium, Mitglied des Deutschen Bundestages a. D., Vorsitzende von UN-Women Deutschland.

Regine Ginoguin-Verana
Genossenschaftsmitglied Alay Kapwa Rual Women Multi Purpose Cooperative (ALKARU) auf den Philippinen, Gemüseanbau, Bäckerei, Marmelade und Perlenschmuck in Quezon.

Gabriela Heinrich
Bundestagsabgeordnete, stellvertretende Fraktionsvorsitzende für Außen-, Verteidigungs-, Entwicklungs- und Menschenrechtspolitik.

Reiner Hoffmann
Vorsitzender des Rates für nachhaltige Entwicklung.

Grace Iradukunda
Projektverantwortliche Hand In Hand For Development (HIHD) in Ruanda, Gemüseanbau und Aufbau und Betreiben eines Gewächshauses in Gisenyi-Rubavu.

Dr. Bärbel Kofler
Mitglied des Bundestages, Parlamentarische Staatssekretärin bei der Bundesministerin für wirtschaftliche Zusammenarbeit und Entwicklung.

Miria Kyakimwa
Vorsitzende der Mughende Women Farmers Association in Uganda, Gemüseanbau, Kitchen Gardening, Gewächshaus in Kasese.

Mary Nyabake
Vorsitzende KAMUGA Women Training Centre, Gemüseanbau und Gewächshaus für bessere Setzlinge von Gemüsepflanzen, Kasese Uganda.

Maria Noichl
Mitglied des Europäischen Parlaments, Bundesvorsitzende der Arbeitsgemeinschaft Sozialdemokratischer Frauen.

Aydan Özuguz
Mitglied des Deutschen Bundestages und Vizepräsidentin, ehemalige Staatsministerin für Integration, Flüchtlinge und Migration.

Sabine Quispe
Projektverantwortliche der Asociacion Femenina de Accion Social (AFAS) in Peru, Gemüseanbau, Tierzucht, Recycling-Anlage von Plastikmüll, Wäscherei und Kleinrestauration bei Juliaca.

Prof Dr. h. c. Christa Randzio-Plath
Vorsitzende des Marie-Schlei-Vereins, ehemaliges Mitglied des Europäischen Parlaments, ehemalige stellvertretende Vorstandsvorsitzende Verband Entwicklungspolitik und Humanitäre Hilfe Deutscher Nichtregierungsorganisationen e.V. (VENRO).

Gunda Röstel
Stellvertretende Vorsitzende Rat für nachhaltige Entwicklung.

Carlita Isabel Jaramilla Rivademeira
Koordinatorin und Sprecherin der indigenen Frauenbewegung Atasim in Ecuador, San Isidro, Kaffeeanbau, Heilpflanzen, Gemüseanbau im Nationalpark Sangay, Macas.

Martina Schaub
Vorstandsvorsitzende von VENRO.

Kamala Upreti
Präsidentin der Women's Foundation in Nepal (WFN). Blumenproduktion und Vermarktung und andere landwirtschaftliche Projekte sowie Seidenschalproduktion in Kathmandu.

Heidemarie Wieczorek-Zeul
Ehemalige Bundesministerin für wirtschaftliche Zusammenarbeit und Entwicklung, Vizepräsidentin der Freunde des Globalen Fonds Europa, Mitglied des Rates für nachhaltige Entwicklung

Lesetipps

Bundesministerium für wirtschaftliche Zusammenarbeit und Entwicklung: *Referat für Geschlechtergerechtigkeit, Strategie Feministische Entwicklungspolitik,* Stand März 2023.
Chimamanda Ngozi Adichie: Blauer Hisbiskus, S. Fischer Verlage, 2003.
Chimamanda Ngozi Adichie: Mehr Feminismus Ein Manifest und vier Stories, S. Fischer Verlage, 2014.
Criado-Perez, Caroline: *Unsichtbare Frauen – Wie eine von Daten beherrschte Welt die Hälfte der Bevölkerung ignoriert,* btb-Verlag, München 2020.
Lembke, Ulrike: *Menschenrechte und Geschlecht,* Nomos-Verlag, Baden-Baden 2014.
Randzio-Plath, Christa: *Skandal Ungleichheit – Frauen in Entwicklungsländern,* vorwärts buch, Berlin 2014.
Randzio-Plath, Christa: *Frauenrechte sind Menschenrechte – weltweit. Alte Gefahren. Neue Herausforderungen,* Schüren-Verlag, 2021.
Scheider, Sebastian H. / Gödderz, Alexandra / Zille, Helge / Sasshagen, Nora: «Who supports feminist development policy?» In: *European Journal of Politics and Gender,* Bristol University Press, 2023 Schöpp-Schilling, Hanna Beate / Rudolf, Beate / Gothe, Antje (Hrsg.): *Mit Recht zur Gleichheit – Die Bedeutung des CEDAW-Ausschusses für die Verwirklichung von Menschenrechten von Frauen weltweit,* Nomos Verlag, Baden-Baden 2014.
United Nations Entity for Gender Equality and the Empowerment of Women

(UN Women): *Turning Promises Into Action: Gender Equality In The 2030 Agenda For Sustainable Development*, United States 2018.

UN-Women, United Nations Department of Economic and Social Affairs: *Progress on the sustainable development goals – The Gender Snapshot 2023.*